U0455194

中华先烈人物故事汇

军事科学院解放军党史军史研究中心

学习出版社

中华先烈人物故事汇《邓发》编委会

主　任：陈传刚

副主任：陈秋波　陈永红　周　鑫

编　委：郭　芳　褚　杨　王　冬
　　　　王　雷　黄学爵　刘向东

主　编：王　冬

副主编：曲宝林

编　著：王　冬　周治龙

目 录
Contents

引 子 / 001

 **自古英雄多磨难** / 007

苦难童年 / 007

"我要读书" / 013

打抱不平 / 019

良师益友 / 026

海员罢工 / 034

 **投身革命受锤炼** / 044

改名邓发 / 044

崭露头角 / 054

参加起义 / 061

特科"神兵" / 071

虎口脱险 / 078

03 保卫政权尽职责 / 082

转战苏区 / 082

保卫局长 / 089

参加长征 / 094

秘密访苏 / 105

履职新疆 / 110

党校校长 / 117

工运领袖 / 123

04 国际舞台显风采 / 133

曲折斗争 / 133

巴黎参会 / 138

友好访问 / 144

抵达重庆 / 148

05 为国殉难死不朽 / 155

英雄殉难 / 155

举国哀悼 / 160

隆重葬礼 / 165

06 尾　声 / 173

后　记 / 180

引 子

　　邓发，这个名字对于现在的人们，可能并不熟悉。但在新华社播发的"永远的丰碑"中，这个名字却与"我国工人运动的著名领袖"连在一起；读过美国进步记者、作家埃德加·斯诺的《红星照耀中国》（又称《西行漫记》）的人，对邓发这个名字也会有印象，他被斯诺称作"中国红军特务队的首领"和"中国共产党秘密警察的头子"，大名鼎鼎的李克农、潘汉年等都曾是他的部下；邓发还是中国共产党干部教育事业的开拓者。这就是本书的主人公——邓发。

　　邓发，原名邓元钊，曾用名邓八、邓英铭、杨鼎华、方林，1906 年 3 月 7 日出生在广东省云浮县（今云浮市）。兄弟姐妹 10 人，他排行第八，乳名"八仔"。由于家境贫困，直到 11 岁才进入小学读书，勉强读完小学，15岁被迫离开父母到广州打工，在西湖路公益祥旅店当茶房，认识了海员工人领袖苏兆征。在苏兆征的教育影响下，他参加了海员工会和洋务工会，成为香港海员大罢工的活跃分子。19岁，参加了震惊中外的省港大罢工，被选入罢工委员会和工人纠察队工作，初步显露出卓越的领导才能。同年秋，加入中国共产党。1927年4月，蒋介石叛变革命后，大肆逮捕共产党员和杀害工人运动领袖。邓发机智地避开敌人的搜捕，在白色恐怖下领导工人开展地下斗争。同年12月11日，广州起义爆发。邓发组织领导广州工人赤卫队参加起义，因敌我力量悬殊，起义很快失败。他凭借着过人的胆略和机警，一次次化险为夷，安然离开广州，前往香港工作，在周恩来创建的中央特科领导下，建立了中共香港特科。1930年9月，在中共六届三中全会上被选为中共中央委员。

1931年7月，邓发调入中央革命根据地。11月，在中华苏维埃第一次全国代表大会上当选中央执行委员，被任命为国家政治保卫局局长。他建立并健全保卫局的红军工作部、白区工作部、侦察部、执行部、秘书处等机构，把保卫党中央以及公安工作开展起来。1934年1月，在中共六届五中全会上当选为中央政治局候补委员。1935年1月，邓发参加了具有伟大历史意义的遵义会议，并坚决拥护毛泽东的领导。红军长征到达陕北后，他被任命为中央政府西北办事处粮食部部长。1936年6月，他受中共中央委托，秘密赴苏联向共产国际汇报工作。1年多后，他从莫斯科回国，化名方林，任中共驻新疆代表和第18集团军驻新疆办事处主任，主管党在新疆的全面工作，坚持开展抗日民族统一战线。1940年秋，他回到延安，担任中共中央党校校长，兼任中共中央职工运动委员会书记，发动并组织了边区工业建设的群众运动——赵占魁运动，为解放区职工运动的发展作出重大贡献。1945年9月，他作为中国解放区工会唯一代表，出席在法国巴黎召开的第27届世界职工代表大会，积极宣传中国共产党的政治主张，扩大红军的影响。1946年4月8日，他和王若飞、秦邦宪、叶挺等13人由重庆返回延安途中，因飞机失事，在山西兴县黑茶山遇难，献出了年仅 40 岁的生命。

邓发是一名从工人队伍中培养出来的领袖。他的一生，代表着中国工人运动的发展历史，从香港海员大罢工的活跃分子，到省港大罢工的中坚力量，再到出席世界职工代表大会的骨干力量；从亲历中国工人运动启蒙，到突然转向大发展，再到蒙受打击以后的退却战斗；从参与战斗，到指挥战斗，再到指导工人运动，他是由下而上的，参加与观察了中国工人运动发展的道路，体察并洞悉了中国工人运动时刻跳动的脉搏。

邓发是一名具有坚定信仰的革命者。他的一生，对党忠心耿耿，虽屡陷险境，历经磨难，但对共产主义事业始终坚定不移。他的理想信念无比坚定，对共产主义事业无限忠诚。他无条件服从组织安排，在党需要的时候，总是朝气蓬勃、满怀信心、全力以赴地开辟新的工作局面。无论在什么地方，无论遇到多少艰难险阻、惊涛骇浪，他始终对党忠诚如一，始终愿做暴风雨中的一只雄鹰。

邓发是一名具有顽强斗争精神的革命者。他

的一生，如同众多革命先辈一样与各种各样的敌人、许许多多的困难作过无数次斗争，从不为强敌所压倒，也不被困难所折服。他斗争经验丰富，为人沉着冷静、机智勇敢、灵活敏捷，具有多方面的才干，掌握高超的斗争艺术，无论在什么工作岗位上，他都能迅速打开局面，出色完成任务，他的许多传奇故事至今仍被传颂。

邓发是一名具有爱国为民情怀的革命者。他的一生，"对反革命，要恨；对革命的同志和朋友要爱，要和"。他还是一个画家，一个世界艺术名著的收藏者，作为一个情感丰富的人，他爱自己的亲人，但为了革命事业，他把自己的一切直至生命，都奉献给祖国和人民，鞠躬尽瘁，死而后已。

邓发最令人痛惜的，就是他的逝世恰在他向上发展的时刻，40岁的年轮中已有20多年的中国共产党党龄，近30年的职工运动经历，近10年中央领导、中央委员、中央政治局委员的经历。他不但是职工运动家，更是优秀的组织者、行政人员、军事指挥员与马列主义理论家。英雄逝去，举国悲哀。他用自己短暂的人生，为党的事业、人民的解放，创造出光辉的业绩，留下了不朽的丰碑。正如邓发常爱讲的那句话："你不把谷子撒在地上，怎望让它长出芽来？"他的崇高革命精神，值得每一位共产党员和青少年朋友学习和敬仰，永远激励我们在建设中国式现代化强国的伟大征程上踔厉奋进，勇毅前行，不懈努力！

01 自古英雄多磨难

苦难童年

　　古老的西江，形似巨龙，江水湍急，浩浩荡荡，奔流向海。西江两岸，群峰竞秀，林木茂盛，风景秀丽，如诗如画。这古老而美丽的西江，哺育着一代又一代勤劳善良的人民；在这西江河畔，走出了一个又一个仁人志士、英雄模范……

　　位于西江中游南岸的广东省云浮县，地处岭南岩溶地貌带，石峰高耸入云，岩洞晶莹奇幻，被世人誉为"小桂林"。这里有"玉屏拥翠""星岩古洞""碧虚夜月""天柱擎空""太空夕照""石麟秀耸""绀岭层峦"和"天马腾空"八大景溶洞，个个鬼斧神工，令人目不暇接、赞叹不已。在这风景如画的云浮县城西边，有一个小村落砦石塘（今广东省云浮市云城区砦石塘村），村里有座清朝末年修盖的普通青瓦农舍，房屋坐北朝南，正面是南山，东边是屏风山，门前有一块小鱼塘和成片的水稻田。这座农舍的主人叫邓兴盛。

邓兴盛是一个普普通通的农民，靠租种地主3亩地生活。妻子欧氏，出身于小商人家庭，是典型的贤妻良母，知书达理。云浮这个地方虽然风景优美，但属于岩溶地貌带，土地相当贫瘠。邓兴盛租种的土地，每年除交租外，粮食所剩无几。有时靠贩卖点小杂货，挣几个小钱来贴补家用。邓兴盛夫妻先后生下7个孩子，3个因病无钱医治早早夭折，家中还剩4个孩子，夫妻俩艰难地支撑着这个贫困的家庭。

欧氏现在怀了第8胎，即将临盆。时间已经到了1906年3月7日，已是初春，可是天空阴霾，寒风呼啸，邓兴盛在客厅里来回踱着步，焦虑不安地等待妻子生产。随着"哇——"的一声婴儿啼哭，打破了这座农舍的宁静，邓兴盛和欧氏的第 8 个孩子降临在这个贫苦的农家小院。接生婆满面春风地向邓兴盛道喜："夫人生下一个浓眉大眼、逗人喜爱的小仔，母子平安！"邓兴盛赶忙笑着向接生婆点头致谢，从桌子上拿起事先准备好的小红包，双手递给接生婆。

接生婆跨出门槛，邓兴盛才想起来给妻子欧氏弄点吃的。他走到米缸前伸手一摸，米缸里早已没有半粒米。当他懊丧地扭过头来，发现墙角还有几个小番薯和一小撮野菜。他痛苦地摇摇头，在锅里舀了一碗热气腾腾的开水，端进了产房。

家里孩子太多，就成了家庭的累赘和负担，父母对孩子照顾得也比较随便。邓家的孩子，老三叫邓章，老五叫邓芳，刚生下的这个男孩族谱名字叫邓元钊，排行第八，邓兴盛就十分随意地取名叫"邓八"。由于当地喜欢称男孩为仔，乳名也叫"八仔"。总之，不管是"邓八"，还是"八仔"，都不算是一个响亮而文雅的名字，更看不出这个孩子将来能出人头地、振兴家业。

寒来暑往，邓八这棵生长在贫瘠土地上的幼苗，经过无数风吹雨打，竟也顽强地成长起来。

邓兴盛夫妇都有一些文化，他们深谙知识和教育的重要性，从小对子女要求十分严格。邓家虽然家境困难，但夫妻俩勒紧裤腰带，想方设法地创造条件，也要让孩子们上学读书。邓八的五哥邓芳到私塾读书，年仅4岁的邓八闹着要跟着哥哥去。上学堂读书哪能带个小弟弟？哥哥不让去，弟弟偏要缠着去，兄弟俩一时争执不下。

"邓芳，你带着弟弟去吧！"父亲邓兴盛站出来说话了。

"阿爸，怎么能带弟弟上学呢？"邓芳十分委屈地说道。

"你就带他去吧。"父亲又强调了一句。

邓芳不说话了，邓八拍着小手，高兴地说："阿爸，你真好！"

"你在课堂上不能吵闹，知道吗？"父亲转头严肃地对邓八说。

"这我知道。"邓八闪动着明亮的大眼睛答道。

父亲让邓八跟哥哥上学堂，自有他的打算。邓八到学堂后，就不用再有人照顾他了，更方便大人下田劳作。更重要的是想让邓八在课堂上耳濡目染，早早地接受教育。

邓八随哥哥在课堂上课，开始私塾老师有看法，几天后他的看法慢慢消除了，因为邓八很懂事，在课堂上不吵不闹，没有妨碍老师和同学们上课。尤其是邓八长着圆圆的脸蛋，乌溜溜的大眼睛，十分招人喜爱。

火红的太阳从东方升起，新的一天又开始了，孩子们像小鸟似的"叽叽喳喳"飞向学堂。铃声一响，老师踏入教室，顿时课堂寂静下来。老师用眼神扫视着大家，开始点名背书："邓芳，你来背《三字经》。"

邓芳马上站起来。随后，老师回身在黑板上写字。

邓芳边想边背起来："人之初，性本善……"

当他背到"亲师友，习礼仪"时，下一句记不起来了。

站在一旁的邓八悄悄地告诉他："香九龄，能温席。"

紧接着，邓芳又继续背下去了。

老师听到有人提醒邓芳，马上转过身来，严

厉地说："邓芳，停！刚才是谁偷偷地提醒邓芳的，站起来！"

站起来，就意味着要接受惩罚，要用竹板打手心。这时，课堂里一片寂静。突然，传来一声稚嫩的嗓音："老师，是我告诉哥哥的，你来惩罚我吧！"

老师和同学们同时向发出声音的地方望去，原来是小邓八。老师又惊奇又好笑，为了不耽误上课，就没有理会他。

下课后，老师留住了邓芳和邓八。老师试探着问邓八："你跟哥哥来上课，我讲的课，你能听懂吗？"邓八歪着小脑袋答道："你讲得那么好，我当然能听懂了。"

老师看到他那副天真、活泼的样子，哈哈地大笑起来。接着，老师又试探地说："刚才课堂上哥哥背不下《三字经》，你提醒了哥哥，这说明你对《三字经》很熟悉，你能背一遍给我听吗？"

邓八站好姿势，说："背就背。人之初，性本善……"

邓八一口气背下去，并且一字不差。老师惊

讶得张大了嘴。没等邓八背完，老师一把将他抱起来，连连称赞道："小小年纪，天资聪颖，记忆力强，将来一定是一个有作为的人。"

经私塾老师这么一说，这件事很快在乡村里传开了，村民们都称赞邓八聪明。

"我要读书"

春去秋来，时光荏苒，新的一年又开始了。邓八已经8岁，到了上学的年龄。他多么想有自己的书包，有自己的课本，真正踏进学堂里读书啊！

邓八心里知道自己家中十分困难，但还是压不住读书的愿望，他主动向父亲提了出来："我要读书！"

读书！即使孩子没有主动提出来，作为通情达理的父亲，邓兴盛也会想办法让孩子去读书的。只是眼前邓家实在太穷了！生下邓八后，欧氏又接连生下两个孩子，一个夭折了，另一个存活下来。现在邓兴盛一家8口人，有6个未成年的孩子，没有稳定的经济来源，生活十分拮据。为了生存下来，父母亲只得忍痛割爱将小女儿卖给人家做童养媳，让大女儿早早地出嫁，又托人介绍邓八尚未成年的两个哥哥到外地去当厨工。虽然这样，但一贫如洗的邓家仍然挣扎在食不果腹的生存线上。邓八突然提出来要读书，父亲哪能办得到呢？

邓兴盛无奈地抚摸着邓八的脑袋，哽咽地说道："八仔，家里这种境况，我哪有钱供你去读书呀！"

懂事的邓八理解父亲的难处，眼里噙着泪，向父亲点点头，转身走出了房门。

暮色降临，鸟儿归巢。在饭桌旁，邓兴盛夫妻等着邓八回来吃饭，左等右等不见邓八回来。

"邓八到哪里去了？"欧氏着急地对丈夫说。

"别着急，我到附近找一找。"邓兴盛说完就出了家门。

在岩洞前，邓兴盛终于找到了邓八。邓八正

趴在石头上哭泣。邓兴盛心头一酸，他忍住快掉下来的眼泪，走上前去劝说："八仔，对不起，阿爸现在没有钱，等有钱了一定让你去读书。乖孩子，你不要哭，跟阿爸回家吧。"

邓八扭过头来，听到父亲说的一席话，深知自己读书的愿望无法实现，他哭得更加伤心，边哭边喊道："我要读书……"

苦命的孩子，不能读书，邓八只能参加体力劳动了。

云浮，素有"云石之乡"的美称。东面是山，西面是山，踏出大门皆是山。全县山地面积占83%，耕地面积仅占11%。虽然说这里的石头很美丽，经过加工可以变成光滑的建筑装饰材料，可以制作成漂亮的家庭用具，但对于饿肚子的穷苦人来说不能把这当饭吃。邓兴盛觉得在这遍地岩石的山区生活，实在是度日如年。经亲戚帮忙介绍，邓兴盛举家搬迁到位于珠江三角洲的开平县（今开平市），在那里租种土地，靠体力劳动来养活全家。

开平农村虽然比云浮老家富饶，但是初到异

地，一切都得从头开始。年仅9岁的邓八以一个劳动力的身份开始出现在田地里、菜地边、山坡上，面朝黄土背朝天，辛勤地劳作，用稚嫩的身体为父母亲分担一份责任。

到开平后，母亲经常患病，生活仍然十分困难。为了挣点钱给母亲治病，邓八和哥哥拿起砍刀、扁担，带上干粮到山上砍柴卖。他们长途跋涉，上山砍了一担柴后，已是中午时分，哥哥将随身携带的小布包打开，里面有几个烤番薯，他拿起一个最大的递给邓八，满头大汗的邓八接过来又放回去，拿起一个小的番薯，没有剥皮就吃了起来，随后又拿起一个，转身就走。

"邓八，你别走，再吃两个。"哥哥边说边伸手拽住他。

邓八拉下哥哥的手，微笑着说："你比我大，你应该多吃点。"

邓八说完，就往小溪的方向走去，他捧起潺潺的流水，洗了一把脸，凉快极了。他转过身，发现身后的哥哥眼里噙满了泪水。

邓八惊讶地问道："你怎么啦？"

"你每次上山都这样，都让着我。"哥哥哽咽地说。

"哥哥，这是应该的，你每次都挑一大担，我挑一小担，你个子大，下山挑得多，当然你要多吃点呀！"

虽然这是一件小事，但从这件小事中，可以看出邓八良好的品德和兄弟情谊。

家庭困难，母亲患病，懂事的邓八看在眼里，急在心上，每天除帮干农活、上山砍柴外，有空还要到河沟里摸鱼虾。上山砍柴是为了挣点钱为母亲治病，抓点鱼虾是为了给母亲补补身体。邓八是多么希望母亲身体好起来，全家人能过上富裕而幸福的生活！

云浮距离开平甚远，环境条件也有所不同，母亲的病尚未康复，全家人又遇到了水土不服的难题，不久父亲也病倒了。邓家一天天在煎熬中艰难度日。本想着离开云浮那块贫瘠的土地，到开平这块富饶的地方可以安居乐业，没想到家境比在云浮时更加糟糕。躺倒在病床上的邓兴盛想起了"长安虽乐，不是久居"这句古语。如果再这样下去，病死在开平他乡，还不如回云浮老家好。邓兴盛与妻子欧氏一商量，妻子十分同意他的想法，于是他们举家又搬迁回云浮老家。

邓八从开平返回云浮，更加懂事明理，更加懂得人生的艰辛。从开平回到云浮不久，全家人的身体奇迹般地好了起来。乡亲们都说，还是一方水土养一方人呀，这山里的灵水救治了邓家人的病。

又是一晃两年过去了，到了1917年，邓八已经11岁。4岁时邓八就能背《三字经》《百家姓》，在当地也算是一个神童，而神童不能读书，这让人扼腕叹息。邓兴盛是一个知书达理的人，一旦人家议论起邓八的读书问题，他心里就感到非常内疚，面子上也过不去。春天过后，邓兴盛咬咬牙，向亲友们筹借了点学费，将邓八送到学堂去读书。年少的邓八心里甭提有多高兴了，他终于可以读书了。

一个历经磨难的穷孩子能上学在当时是多么不容易的事啊！邓八先进入东明小学，插班读完二、三年级，后又转入城西小学读四年级。他十分珍惜这难得的机会，常常是天不亮就起来读书，课堂上勤奋好学，不耻下问；课后边读书边做手工，赚些钱贴补家用。由于邓八刻苦钻研，学习成绩始终名列前茅，四年级结业时，获得全年级第一名，老师和同学们都纷纷称赞他。

打抱不平

邓八不仅学习成绩优异，还非常有正义感，富有同情心，对自己看不惯的事情，总愿意去管管。

在旧社会，人与人之间是不平等的，有钱人总欺负穷苦人。在学校里也是一样，富家子弟经常欺负穷人家的孩子。邓八的学校就有这样一个富家子弟，因经常欺负穷人家的孩子出了名，人们称他为"牛精仔"。虽然这个"牛精仔"不敢惹邓八，但是邓八看见他作威作福的样子就十分生气，总想找机会治治他。

有一天，"牛精仔"又欺负同学，他骑在一个穷学生的背上，让穷学生像马一样跪在地上向前爬行。

"快，快滚开！"

"牛精仔"手持树枝，边呼喊前面的学生让路，边挥起树枝抽打这位穷学生的屁股。

这位学生已经受到"牛精仔"多次欺负、侮辱，但总是敢怒不敢言。因为他们家里租种了"牛精仔"家的田地，每当这位学生向父母哭诉，父母总是忍气吞声，让他忍耐再忍耐。

这一次，邓八真的看不下去了。他站在路中央，故意挡住"牛精仔"的去路。

"你快给我滚开！""牛精仔"一边吼叫，一边挥起树枝朝邓八打过来。

邓八一下子拽住树枝，顺势一拉，"牛精仔"一下从穷学生身上摔了下来，把"牛精仔"疼得"哇哇"大叫。

"牛精仔"从地上吃力地爬起来，挥拳向邓八打过来。

饱食终日的"牛精仔"哪里是邓八的对手。

邓八躲过"牛精仔"的拳头，抬起腿一扫，"牛精仔"站立不稳，像木桩似的倒了下来。

邓八骑到"牛精仔"的身上，以其人之道，还治其人之身，抓住"牛精仔"的后衣领子，叫他往前爬行。

"邓八，求求你饶了我吧。"

"牛精仔"苦苦地哀求道。

"你向前爬完五步，我才放了你。"邓八紧紧地抓住他的后衣领子。

"牛精仔"没有办法，只好听邓八的话，一、二、三、四、五，向前爬行了五步。当邓八从他身上离开时，他马上起身，撒腿就跑，边跑边喊："你们等着，我告诉我爸，叫警察来抓你们。"

同学们一听，心里都十分焦急："邓八这下子惹麻烦了，搞不好还会殃及家人。"

邓八把手一挥，胸有成竹地对同学们说："同学们不要害怕，请你们跟我走一趟，找'牛精仔'的爸爸去！"

同学们更加迷惑不解："找'牛精仔'的爸爸不是自己送上门去吗？"同学们深知邓八有主见，

既然邓八这么说了，大家也就听他的。

邓八带领一大群同学涌到"牛精仔"的家门口，这时一群好奇的农民也围了上来，看究竟发生了什么。

"牛精仔"的父亲刚一露面，邓八就上前列举"牛精仔"在学校里为非作歹、欺负同学的一系列坏品行，强烈要求他好好教育"牛精仔"，如果以后"牛精仔"再欺负同学，同学们会联合起来整治他……

邓八把话刚说完，同学们就一起大声喊："反对'牛精仔'的爸爸纵容儿子干坏事！""富人不能欺负穷人！"

围观的农民也纷纷指责"牛精仔"和他的父亲。

"牛精仔"的父亲脸上红一阵白一阵，连连向同学们道歉，并表示一定好好管教儿子。

邓八看目的达到了，就领着同学们离开了"牛精仔"的家。

迟到一步的"牛精仔"回到家里，在父亲的盘问下，将情况如实地说了一遍。其父一听火冒

三丈，想不到邓八这穷小子，竟然如此欺负自己的宝贝儿子，这还了得！在他怒发冲冠的时候，又想起刚才那一张张愤怒的小脸，众怒难息啊！况且是自己儿子先欺负了人家，这一次只好忍耐了。

不识时务的"牛精仔"看到父亲满脸怒气，以为自己的"奏状"达到效果，火上浇油地说："爸爸，快叫警察抓他们……"

"叫警察干什么？你再惹事，看我不狠狠揍你！"说完，真的举起手来朝儿子的屁股上打去。

"牛精仔"的父亲还记得刚才邓八说的那句话："'牛精仔'再欺负同学们，同学们会联合起来整治他。"

从此以后，"牛精仔"再也不敢欺负穷同学了。

邓八不仅学习上是佼佼者，而且聪明、能干，有组织能力，在同学们心中威信很高。

时光飞逝，邓八到了 13 岁。1919 年巴黎和会上中国政府外交失败，作为战胜国的中国，却无法收回战败国德国在山东攫取的特权，反而被日本夺取了特权。这一屈辱的消息传到国内后，全国群情激愤，有志青年身先士卒，掀起了波澜壮阔的反帝反封建的五四爱国运动。

地处南方偏僻山区的云浮县城，同样受到了这场伟大的爱国运动的深刻影响和强烈震撼。刚接触新文化运动的邓八，如饥似渴地抓紧时间学习，从中汲取营养。

学校为了支持北京学生，抗议巴黎和会关于山东问题的决定，组织学生上街游行，邓八积极参加到这一爱国运动的洪流之中，并在街头演活报剧。

邓八举着小红旗走在队伍的前头，领着大家高呼：

"外争国权，内惩国贼！"

"拒绝和约签字！"

"取消二十一条！"

……

邓八和老师、同学们的声音响彻了整个县城，传得很远很远。

五四运动是邓八经历的第一次革命洗礼，它唤醒了邓八心底的爱国热情，培养了他朴素的报国信念，对他后来的人生轨迹影响很大。

良师益友

1921 年，15 岁的邓八因家庭贫困，再也不能继续上学。他告别父母，离开了他深深爱恋的故乡云浮，到广州寻找工作。

广州，是一座古老而美丽的城市。传说，有五位仙人穿着五色衣裳，各骑着一只仙羊，羊的嘴巴里都衔着一束稻穗，降临到这座城市。仙人们把稻穗赠送给大家，祈祷一番后，就乘彩云飞走了。由此，这座城市就有了"五羊"和"穗城"之称。

广州，又是一座英雄的城市。1840 年鸦片战争，中国人民就是在这座城市的近郊痛击英国侵略者的。黄花岗起义，就是爆发在这座英雄城市。五四运动后马克思主义在中国得到广泛传播，一批接受马克思主义的先进分子，在这座城市里开展革命活动。到了 1920 年，广州的革命形势如火如荼。8 月，孙中山命令援闽粤军回师广东，攻克广州。11 月，孙中山重返广州主政。

就在这个时候，邓八来到广州，开启了他人生的新起点。他先在东区公安局当了两个月的勤杂工，后经亲戚介绍，转到西湖路公益祥旅店当茶房。他为人诚实、勤劳，服务态度好，深受客人喜欢。不久，他遇到了一位良师益友，受到了革命的教育。

冬天的夜晚，路上的行人已经稀少，路边的商店早已关门，公益祥旅店里大部分的客房已经熄灯，还有几间客房亮着昏黄的灯光。正值夜班的邓八忙碌地给喝茶的旅客加开水，拖走廊的地板，准备明天的活儿。

邓八手里提着热水壶，准备到一间客房里加水。刚走到门口，就听到房间里传出来洪亮的声音："我们深受帝国主义和资本主义的压迫，已经被逼得走投无路。我们想不受压迫，那么就得斗争。这才是我们的出路。要斗赢他们，我们就要团结起来，同心同德才有办法……"

房间里的人讲的话，道理是多么深刻啊！邓八静静地站在门口听着，过了一会儿，他才想起来进门给客人加开水，于是轻轻地推开了房门。

正在讲话的是一个 30 多岁的青年人，国字脸，粗黑的眉毛下，一双眼炯炯有神，身着海员工作服，他就是大名鼎鼎的海员工人领袖苏兆征。

苏兆征，1885 年出生在广东省香山县淇澳岛（今属珠海市）一个贫苦的农民家中。1903 年起在香港外轮上做杂役，因此接触到经常乘船为革命奔走的孙中山。1908 年加入孙中山领导的同盟会，积极参加推翻清政府的革命活动。在他的身边，还有两名海员。之前，苏兆征在一艘英国轮船上工作，看到船上一个工头无故踢伤一名中国海员，于是他发动船上的中国海员起来斗争。为了使这种虐待中国海员的行为不再发生，他还争取香港其他海员工人的支持，最后斗争取得了胜利。在斗争实践中，苏兆征深刻体会到，必须有自己的工会组织，更好地维护海员工人的权利。为了筹建工会，他四处活动。公益祥旅店是他从香港到广州经常住宿、活动的地点。

苏兆征听到有人推门，扭头望去，见是提着热水壶、站在门口的邓八，热情地打招呼："小兄弟，你快进来！"

"你讲得真好！我都听入迷了。"邓八闪动着大眼睛，有点胆怯地说。

"我讲的道理，你喜欢听？"苏兆征高兴地站起来，问道。

"你为我们穷人说话，我们哪能不喜欢听？"邓八咧开小嘴，笑眯眯地说。

苏兆征望着这位走过来为他们倒水的小茶房，听到他那不俗的言谈，看到他那利索的动作，这些都给自己留下了极好的印象。

夜深人静，身体疲倦的苏兆征到走廊上散步，当他走到烧水房前，映入眼帘的是：邓八在烧水炉旁边，借助炉火的亮光，正在专心画画。

苏兆征轻轻地走到他身边，集中精力画画的邓八竟然没有察觉到。邓八的腿上放着一幅画，画的是海员工人手挽手，雄赳赳气昂昂往前走。

"画得好！"苏兆征情不自禁地说。

邓八这时才发现有人在身边，抬头一看是苏

兆征，马上站起来，拉过自己的凳子让座。

手捧着画的苏兆征没有坐下，望着邓八问道："这是你画的吗？"

"是的。"邓八不好意思地回答。

苏兆征夸赞道："画得很好！形象地反映出我们工人的力量和工人的愿望。"

邓八谦虚地说："我只是乱涂乱画。"

苏兆征问道："你这么晚了还不睡觉？"

邓八答道："今晚画好这幅画，我还想把你今天讲的话记下来，做好笔记。"

苏兆征听后，心中热潮滚滚，抚摸一下邓八的脑袋，然后坐在凳子上，把邓八拉在身边，两人在熊熊的炉火旁，亲切地交谈起来……

第二天，苏兆征离开公益祥旅店回香港了。邓八盼望着苏兆征早点回来，他有许多问题要向苏先生请教。

事也凑巧，这年冬天邓八也从广州来到了香港。他跟随五哥邓芳，先在九龙学习做西餐，待熟悉烹调西餐后，又通过五哥的介绍，到侧鱼冲太古轮船公司船坞的一个外国人家中当杂工、厨工，后来又转到大洋轮上当了一名海员。

海员生活，使邓八看到了波涛汹涌的大海，开阔了眼界，同时也体验到海员生活的艰辛，并且常常受到工头的剥削和压迫。海员要上船做工，必须找到"洗马沙"。"洗马沙"由包工头设立，与船东勾结，包揽介绍海员的工作。海员每次贿赂数十元或数百元，才能找到工作。因为轮船公司是与"洗马沙"约定好的，不找"洗马沙"就找不到工作。上船工作后，海员每月大部分的工资要交给"洗马沙"。海员的平均工资在20元上下，单身都难维持生活，如果有一家老小，生活就更为困苦。海员们深受这种包工制的剥削。

在大洋轮上的中国海员，与白人海员同工不同酬，中国海员的工资只有白人海员的1/5。工头经常以各种借口惩罚中国海员，克扣工资，还经常以各种借口开除中国海员，以致他们生活无着落，流浪街头。邓八到大洋轮上工作，繁重的工作使他感到难以忍受，一天工作下来，他竟然连一个睡觉的地方都没有，只能在煤堆上铺上破凉席，躺在上面睡觉。

深夜的香港，大街上商店门口还闪烁着耀眼的霓虹灯，人来人往，而深巷里却一片寂静。邓八匆匆地向深巷走去，迎面走来一个熟悉的身影，邓八一看是哥哥邓芳。

"哥哥——"邓八边喊边迎上去。邓芳细细一看，发现是弟弟，一时又惊又喜，见弟弟扑上来，便带着责怪的口气说："你们的大洋轮已经靠岸好几天了，为什么等到这个时候才来找我？"

邓八深知哥哥对自己的疼爱，马上向哥哥解释："返港后，我白天在船上干活，晚上到英语夜校学英语，所以就……"

"你不用说，我知道了！"邓八话没有说完，就被邓芳打断了。

在大洋轮上当海员，与洋人打交道，对"洋话"一点不懂，难以交流，往往要吃苦头。邓芳有这个体会，也就很支持邓八。一时，邓芳从埋怨、生气转化为同情、喜悦，亲热地拉起弟弟的手，向他的住处走去。

兄弟俩进屋坐定，哥哥为了犒劳弟弟，进里屋弄吃的。突然，邓芳听到外面弟弟发出不平常的声音，忙放下手中的活，赶紧出来看个究竟。只见邓八坐在原位，身边并没有旁人，他正用一双筷子夹着舌头，在学习英语发音。

邓芳走上前，邓八并没有察觉到，正聚精会神地练习发音。邓芳心中不觉涌上一阵热潮。待邓八学习停下来，邓芳亲切地问道："你白天在船上干苦力，晚上还要到英语夜校学英语，辛苦不辛苦？"

"不辛苦！"邓八十分干脆地答道。

"你还有什么困难需要哥哥帮忙吗？"邓芳亲切地询问。

邓八沉思了一会儿，说："我有点积蓄，把这个月的学费交了，下个月的学费还没有着落，如果没钱交学费，就不上了，学几句常用语就算了。"

"学费没着落，我想办法，你一定要坚持学下去。"邓芳坐在邓八对面的凳子上说。

邓八闪动着一双大眼睛，紧紧抓住哥哥的手说："谢谢哥哥！"

邓芳每月的薪资只有四元，他要拿出来一半

供邓八读书。这使邓八十分感动。在幽暗的灯光下，兄弟俩面对面坐下，亲切地交谈着。邓八对海员这种挨骂、受累和担心被解雇的生活，对人与人之间的贫富悬殊和人压迫人的不平等现象极为不满。

海员罢工

1921 年 3 月，苏兆征和林伟民领导的中华海员工业联合会总会在香港成立。这是中国海员工人第一个真正的工会组织，也是中国最早出现的现代化产业工会组织之一，标志着中国工人运动发展到一个新的阶段。邓八到香港不久，就参加了中华海员工业联合会总会组织。在工会里他不仅熟悉了近代工业的工人，还接触了许多新鲜事物，受到了世界革命潮流的影响，阶级觉悟不断提高，懂得了一些革命道理。

中国共产党成立后不久，8 月 11 日，中国共产党领导工人运动的第一个公开机构——中国劳动组合书记部在上海成立。该部在党的领导下，大力开展工人运动，很快在我国掀起了工人运动的第一次高潮。这次高潮以香港海员罢工为起点，以京汉铁路工人罢工为终点，全国共举行大小罢工 100 多次，参加人数 30 万人以上。邓八有幸参与其中。

1921 年 9 月，中华海员工业联合会总会根据香港海员工人的切身利益和迫切要求，向各轮船公司提出了增加工资、改善待遇、反对包工头剥削及工会有介绍海员就业的权利等要求。尽管海员工会先后 3 次向资本家提出要求，但始终没有得到答复。饱受压迫和剥削的海员工人，再也抑制不住长期埋藏在心头的怒火，在苏兆征、林伟民等人的带领下，于 1922 年 1 月 12 日下午 5 时举行了海员大罢工，邓八踊跃地加入罢工行列中。

平常，香港的海面上轮船来回穿梭，一派热闹的景象。海员工人罢工后，香港 200 多艘大小轮船像死了一样不动了。受海员罢工的影响，香港银行汇兑交易也暂停了。

中华海员工业联合会总会是海员罢工的指挥机构，它在海员心中占有重要的位置。总会办公地点人来人往，苏兆征接待了一批又一批海员。

邓八知道苏兆征在总会工作，他独自来到总会，远远就看到了苏兆征，但他没有立即上前，因为苏兆征正在与海员们谈话，他不好意思去打扰。

苏兆征与海员谈完话，站起来，发现前面站着的邓八，眼睛一亮，高兴地唤道："邓八，你过来。"

邓八立即奔上前，激动地用双手握住苏兆征的右手："征哥，我终于找到你了！"

"你早就应该来看我啊！"苏兆征对他露出微笑。

"前段时间，我白天在船上干活，晚上要上英语夜校，没有时间。现在好了，我与海员们都加入了罢工的队伍，不用上船，就有时间了。"邓八身上有一股冲动的激情，像是汇报工作，又像是与兄长叙谈。

"在中华海员工业联合会总会的花名册中，我看到你的名字了，我当时很高兴。"苏兆征的心情也很好，说完站起来，接着将话题一转，问道，"你既能写，又能画，留在我身边工作怎么样？"

"工会就是我们海员的家，你就是我们的兄长，我听你的，你叫我干什么，我就干什么。"

"八仔，你是好样的！"苏兆征双手按着他的肩膀，亲切地说。

突然，门外传来了一阵喧哗声，究竟发生了什么事呢？苏兆征带领着邓八向门外走去。

原来是香港英国派遣当局管理中国居民事务的华民政务司官员夏理德，他经人介绍后，傲慢地同苏兆征打招呼。

夏理德仗着有香港当局撑腰，用威胁的口气说道："本港政府是不允许此种罢工行动的，你们有条件可以提出来，本大人替你们斟酌办理，你们罢工，不怕饿肚子吗？"

苏兆征理直气壮地质问夏理德："我们提要求已经三次了，每次都通知你们。你们为何不早出来说话？现在我们已经罢工了。要复工，除非答应我们的要求。我们饿不饿肚子，是我们自己的事情，你们不必操心。"

苏兆征的铮铮铁语，说出了海员们的心声，大家顿时群情激奋，邓八率先鼓起了掌，随后响起了雷鸣般的掌声。

夏理德开始一副不可一世的样子，他刚讲几句话，就被苏兆征驳得理屈词穷，又气又恼，转身看到带着愤怒的眼光盯着他的工人，深知自己待不下去了，只好灰溜溜地离开了海员工会。

站在苏兆征身旁的邓八，目睹了这场精彩的斗争场面，心情十分激动，也很佩服苏兆征。他情不自禁地抓住苏兆征的手说："你讲得太好了！"

苏兆征低头望着脸上焕发红光的邓八，微笑地向他点点头。

此后，邓八在苏兆征的领导下，积极联络各个工会，加强工人团结，为苏兆征传递消息、传送文件。他经常到海员中做宣传、鼓动工作，很快成为香港海员大罢工的活跃分子。邓八白天为工人利益到处奔走，晚上到英语夜校学习英语，还挤时间学习汉语文学，博览各种书籍。他特别

喜爱阅读第一次世界大战战史等军事书籍，常常到深夜还手捧书卷，专心致志地看着、画着。通过学习实践，邓八的思想有了很大进步，为以后工人运动的开展打下了良好的基础。

海员罢工，如熊熊烈火，在香港大地越烧越旺。由于港英当局和轮船资本家拒绝答应海员的要求，在香港工作的中国工人于2月底举行总同盟罢工。3月初，罢工人数迅速增加到10万人以上，罢工浪潮席卷整个香港。香港当局目睹这炙人的"烈火"，恨不得将其扑灭。香港当局派出五六十名武装警察，强行封闭了海员工会，将会所洗劫一空，并拆除了海员工会的招牌。

对此，海员们并没有被吓住，也没有退却。香港当局看硬的不行，就来软的。在香港当局的授意下，先是中国资本家代表出面"调停"；接着是中国绅商代表出面"调停"；此后，华民政务司夏理德、外国大老板同海员代表谈判。在苏兆征领导下，海员代表坚持原则，达不到目的绝不复工，令"调停"者个个失望而归。

海潮扑打着海岸，海风轻轻地吹拂着行人的

脸庞。苏兆征和邓八沿着沙滩匆匆赶路，他们要去参加一个协调会。他们踩着柔软的细沙，边走边谈。

邓八深有体会地说："我看这次罢工斗争能够顺利进行下去，主要是因为大家团结得好。如果全国各行各业都团结起来，力量就不小啦。"

苏兆征听了很高兴地说："对呀！不过要一下子都团结起来，还有许多困难，首先要将香港原有的工会联系好，要有严密的组织工作。"

"征哥，你说得对！"邓八赞许地说。

苏兆征没有马上回答，若有所思，低头往前走了一段后，说："下一步咱们的工作会越来越艰难，你要做好思想准备。"

果然不出所料，香港当局与海员之间的矛盾越来越尖锐，气氛越来越紧张，镇压越来越严厉。香港当局调集16艘太平洋军舰和陆军机枪队来镇压，封锁支持罢工的运输工会，逮捕工会领导入狱。邓八和许多海员先后回到广州，继续坚持斗争。3月4日，港英当局派出大批武装军警，在离香港6公里的沙田地区向返回广州的罢工工人扫射，当场打死 4 人，打伤几百人，后因伤势过重又死去 2 人，造成震惊中外的沙田惨案。当身上布满弹孔的工友被抬回来，苏兆征领着邓八等人向死难者告别。他们看到难友的亲人痛哭、在场的海员落泪的情景，心情无比悲伤。这件事情更加增强了大家对香港当局的愤恨，坚定了把罢工斗争进行到底的决心！

英帝国主义的暴行激起了广大工人和群众的强烈抗议，总同盟罢工继续扩大。大家万众一心，始终顽强地坚持斗争，终于迫使香港当局接受罢工海员提出的恢复海员工会原状、增加工资、抚恤死难工人家属等要求。不可一世、欺压中国人民的英帝国主义终于低下了头，恭恭敬敬送还了海员工会的招牌，坚持了 56 天的大罢工取得了最后胜利。全香港沸腾了！海员与工人群众 20 万人走上街头，燃放爆竹，振臂高呼"工人万岁！""海员工会万岁！"等口号，一个个喜气洋洋，一片热闹欢腾的景象。

走在人群中的邓八，触景生情，两行热泪顺着脸颊流了下来，这是激动的眼泪，这是胜利的眼泪。香港海员大罢工是我国第一次工人运动高潮的起点，邓八深刻地认识到无产阶级是一支重要的革命力量，具有坚强的战斗力，是完全可以战胜帝国主义的，更加坚定了他全身心投入革命的决心。

改名邓发

　　1925 年 5 月 30 日，为了抗议日本资本家枪杀工人代表、共产党员顾正红，在中国共产党的领导和发动下，上海工人、学生举行街头宣传和示威游行，租界的英国巡捕悍然开枪打死学生、工人等 13 人，伤者不计其数，制造了震惊全国的五卅惨案。

　　五卅惨案传到香港，工人群众义愤填膺，纷纷揭露英帝国主义的罪行。6 月上旬，中共广东临时委员会指派邓中夏、杨殷、杨匏安等人到香港，会同苏兆征等发动工人举行罢工，支援上海工人和各界人民的反帝斗争。邓八响应号召，昼夜来往于香港、九龙之间弥敦道、深水埗、中环等地，动员工人参加罢工。

6月的广州，天气炎热，在大街上走得满头大汗的邓八，抓起衣角擦拭了一下额头，不敢停歇地往前赶路。为了声援上海工人，邓八与一大批工人从香港返回广州，急匆匆地赶往工会报名参加罢工。

工会前面围着一大群工人，一位文静的书记正在给工人进行登记，站在旁边的苏兆征与工人们亲切地交谈着。

苏兆征抬头看到满头大汗匆忙赶来的邓八，马上停止谈话，向邓八招招手，然后对书记说："你先给他登记上，我还有事交给他做。"

邓八走上前，书记问道："你叫什么名字？"

"邓八！"

书记一听，提笔写下了"邓发"，因为广东话"八"与"发"是谐音。邓八一看书记把自己的名字写错了，马上纠正："我叫邓八！"

书记很认真地说："我知道你叫邓发，已经给你登记上了！"

站在他们身旁的苏兆征低头看花名册，笑了，扭头对邓八说："在我们广东话里'八'和'发'是谐音字，我看'发'比'八'好啊！我希望你能早日'发'起来，成为国家的栋梁。我们的事业也要'发'起来，早日取得成功！"

　　这时，书记才意识到将邓八的名字写错了，于是不好意思地对邓八说："是不是将你的名字改正过来？"

　　邓八认真地说："那就听征哥的，不改了，以后我就叫邓发！"

　　站在邓发身边的工人们一听，都为他鼓起掌来。从此，邓发这个响亮的名字就在工人中出现了，与中国的革命事业紧紧地联系在一起。

　　1925年6月19日，在中共广东区委书记陈延年和苏兆征、邓中夏等同志领导下，省港大罢工像汹涌澎湃的怒潮在南海之滨掀起，香港和广州沙面租界的20余万工人参加了罢工。

　　省港大罢工得到了广东革命政府的大力支持。罢工工人代表提出了两个条件：一是拥护上海工商学联合会的"十七条"要求；二是要求香港当局给居民以政治自由、法律平等、普遍选举、劳动立法、减少房租和居住自由等权利和自由。邓发踊跃地参加了这次罢工斗争，成为斗争中的积极分子。当时，英帝国主义者不仅拒绝罢工工人所提出的条件，还宣布戒严，调动军舰示威，并对支持罢工工人的广东革命政府实行封锁。香港13万罢工工人义愤填膺，纷纷离开香港，回到广州。邓发和哥哥邓芳也随工人到达羊城，加入罢工队伍，坚决反对帝国主义。

6月23日，邓发起了一个大早，他匆匆赶到东校场。因为今天罢工工人和广州工农商学兵各界群众10余万人将会集到这里，声讨帝国主义在上海的大屠杀，并举行反帝示威大游行。

这时，东校场里陆续涌来一些参加声讨大会及示威游行的工人。邓发正想走上主席台，突然身后传来朗朗的笑声，邓发转身一看，原来是几位女工在说笑，其中一位有些面熟，正是那天在报名处被他踩到脚的女工陈慧清。

陈慧清，广东番禺县人，她14岁远离家乡到香港一间织造厂当童工，并参加了香港织造工会。

1922 年，香港举行海员大罢工的时候，陈慧清也参加了。罢工不久，年仅 16 岁的陈慧清为了支持海员大罢工，毅然同海员工会的海员回到广州。当时，邓发是活跃的海员工会骨干分子，而陈慧清是香港织造工会委员，同做宣传工作，他们有时在一起开会，经常见面。邓发早就在陈慧清心中留下了深刻的印象。海员大罢工之后，陈慧清从广州回到番禺住了一段时间，然后又返回香港。省港大罢工后，邓发、陈慧清又回到广州，经过暴风骤雨的锤炼，陈慧清已成为一名带领工友们同反动势力作斗争的中国共产党党员。

同样的斗争经历，同样的革命志趣，同样的革命理想，把他们连在一起，成为志同道合的战友。

邓发和陈慧清到达不久，带着横匾、执着各色大小旗子的罢工工人和广州工农商学兵各界群众从四面八方鱼贯而入，涌进东校场。

声讨帝国主义在上海大屠杀的大会结束后，接着举行反帝示威游行。举着横匾、旗子的示威群众，像一股滚滚的洪流，经惠爱路、永汉路、长堤，向沙面方向奔涌而去。担任宣传工作的邓发、陈慧清走在示威队伍的前列，带领大家高呼"打倒帝国主义！""废除不平等条约！""收回广州租界沙面！"等口号。

当浩浩荡荡的游行队伍，像滚滚洪流般奔到与沙面一河之隔的沙基时，群情激奋，口号声响彻云霄。

这时，邓发发现被帝国主义霸占的沙面有一队队全副武装的士兵，正朝着沙基的方向过来；停在珠江白鹅潭的英、法、葡军舰上的大炮，已脱去外罩，朝着沙基方向露出阴森的炮口。

邓发转身对陈慧清说："注意！可能会出事！"

陈慧清站住，仔细看了看，附和地说道："要小心，帝国主义是很残忍的。"

"你在这里等我一会儿。"邓发靠近陈慧清并吩咐她，说完就往前挤去。

突然，沙面的帝国主义武装向沙基的示威群众开火了；白鹅潭的英、法、葡军舰也向示威群众开炮了。中弹的群众一个个倒在血泊之中，烈士的鲜血染红了珠江河畔。

邓发、陈慧清不顾危险，上前抢救，两个人架起一个身负重伤、满身鲜血的工人，往后转移。

帝国主义制造的"沙基惨案"，共打死示威群众 50 多人，重伤 170 余人，轻伤无数。

烈士的遗体已被转移，受伤者已经送往医院。邓发、陈慧清又返回到沙基，此时这里一片宁静，看着地上一片片的血迹，他们心如刀绞。望着对面的沙面，邓发眼睛瞪得滚圆，双手紧握拳头，带着沙哑的声音说："帝国主义者这样惨无人道地屠杀我同胞，我们会认真对付他们的，我们会讨还血债的。"

"沙基惨案"发生后，更激起广州、香港人民的义愤。香港又有 13 万工人陆续撤回广州。

7 月初，在中国共产党的领导下，为了加强对省港大罢工的领导，中华全国总工会召开广州、香港两地的罢工工人代表大会，在会上选举了以海员工人领袖苏兆征为首的领导罢工机构——省港罢工委员会。罢工委员会之上，是由工人中选出的代表组成的最高议事机关——罢工工人代表大会，邓发被罢工工人选为代表，并参加罢工委员会工作。罢工委员会有一支 2000 多人的工人武装纠察队，黄金源任总队长，邓中夏为训育长，邓发任纠察队小队长，他带领队员到珠江口岸执行封锁香港的任务。在省港罢工委员会的武装封锁、抵制英货、罢工三项措施的打击下，香港一度成为"臭港""饿港""死港"，这更加坚定了邓发同帝国主义斗争的决心。

7 月底，邓发进入广州宣传学校学习，他在那里学到了如何开展工人运动和宣传工作，如何巩固工农联盟，组成浩浩荡荡的革命大军向敌人进攻的理论，深刻认识到工人运动和宣教工作的重要性，进一步坚定了革命斗争的信心和决心。学习结业后，邓发担任省港罢工委员会宣传部宣传队的队长。

为了唤起民众的觉醒，团结一致反对帝国主义，邓发经常带领宣传队员上街做宣传鼓动工作。

"丁零，丁零……"铜铃声在街头响了起来。

在一面迎风飘扬的"中华全国总工会省港罢工委员会宣传队"队旗下，邓发和两名宣传队员使劲地摇着铜铃。

群众围拢上来，人越来越多。

这时，邓发和宣传队员放开喉咙唱起了歌曲：

军阀手中铁，工人颈上血；

头可断，肢可裂，

革命精神不可灭；

劳苦的群众们，快起来团结。

一曲唱完，他们接着轮流演讲，演活报剧，揭露帝国主义侵略中国的罪行，向民众宣传爱国主义，宣传省港大罢工的意义等。最后，邓发大声疾呼："中国人民要起来救国，救国要靠大家，靠集体，不能靠个人，要救国，就要大家团结起来。"

邓发的话音一落，场上就响起了热烈的掌声。

他们还到郊区农村向农民宣传，揭发帝国主义和军阀的种种罪恶，号召群众起来参加革命斗争。邓发还带领宣传队回老家云浮宣传和演出，使边远山区群众都知道省港大罢工的意义。

在工人运动的暴风雨中，邓发经受了考验，

迅速地成长起来。这一年的九十月间，由苏兆征介绍，邓发作为海员中的积极分子，加入了中国共产党。不久，就担任党支部组织干事。他注意加强党的思想教育，不断培养积极分子，吸收新党员，使党的队伍日益壮大。

崭露头角

革命风暴在广东掀起，革命力量在不断扩大。广东革命政府在省港罢工工人的支持和帮助下，使广东革命根据地巩固了起来。

1925年9月，军阀陈炯明所带部队死灰复燃，重新向革命反扑，广东国民革命军在省港罢工工人和东江革命农民支持下，举行了第二次东征。中共广东区委和周恩来、陈延年、苏兆征、邓中夏等决定发动省港罢工工人组织运输队、宣传队、卫生队随军出征。此时，邓发已担任香港西业总工会常务委员兼支部书记，他积极响应党的号召，参加宣传队、运输队，随军东征，沿途在军内外进行宣传鼓动，鼓励军民英勇杀敌，为人民为国家建功立业。

东征胜利后，邓发回到广州，继续在省港罢工委员会负责宣传工作，积极协助中共两广区委委员、中华全国总工会省港罢工委员会委员长苏兆征开展宣传活动，鼓励工人坚决反对帝国主义，以夺取斗争的最后胜利。

为了打倒帝国主义支持的封建军阀，中国共产党直接领导的革命武装——叶挺独立团作为北伐先锋，于 1926 年 5 月率先向湖南挺进。接着，国民革命军 8 个军也誓师北伐。

7 月，邓发根据中共广东区委指示，加入中国国民党，任国民党广东省党部北伐青年工作队的队长。当他读到《中国青年》杂志转载的毛泽东的《中国社会各阶级的分析》后，受到很大启发和震动。他立刻安排青年、工人认真阅读这篇文章，并说："看了这篇文章，可以使我们眼睛雪亮，进一步分清谁是我们的敌人，谁是我们的朋友。"他在省党部内坚决巩固和发展革命统一战线，大力发动省港罢工委员会纠察队队员、社会各界青年，踊跃参加革命军队，奔赴沙场，为打倒军阀吴佩孚、孙传芳、张作霖而战斗，为统一祖国而建功。他还以我国汉代班超为例，鼓励知识分子青年投笔从戎，暂时放下笔杆子，穿上军装，为结束祖国的分裂局面而效力。他不仅动员青年参加北伐军，还发动广大青年、群众援助革命军。他协助陈延年、苏兆征、邓中夏、何耀全等发动3000名罢工工人组成宣传队、运输队、担架队、卫生队，冒着酷暑，随军出征，支援北伐。仅曲江县（今韶关市曲江区）就有3000多农民热烈响应号召，加入运输队，为北伐军运送武器、弹药、粮食。他还到北伐军中开展政治鼓动工作，号召青年官兵要在疆场前线，英勇杀敌，为人民立功。他那铿锵有力、掷地有声的讲话，鼓舞了许多青年在北伐战争中，不怕疲劳、不怕困难、不怕牺牲，勇敢冲锋，打击敌人。

担任北伐先锋的叶挺独立团英勇善战，所向披靡。10月10日，北伐军攻下了武昌城。就在这一天，广州召开了群众大会，宣布取消对香港的封锁。

正当北伐战争胜利进军、工农运动蓬勃发展的时候，突然风云骤变，1927年4月12日，蒋介石在上海发动四一二反革命政变。这成为大革命从高潮走向失败的转折点。紧接着，4月15日，国民党广东当局也实行反共"清党"，大肆逮捕和屠杀共产党员和革命群众，解除省港罢工委员会纠察队的武装，搜查革命的职工会等群众组织，白色恐怖笼罩着广州。

当天，住在省港罢工委员会宣传部的邓发，突然听到外面的嘈杂声，警觉地向外察看，发现远处有军警正向他们的住处扑来。邓发已得到上海四一二反革命政变的消息，面对眼前的情况，邓发立即感到不妙，转身通知陈慧清和其他工作人员赶快转移。陈慧清一行刚离去，邓发立即关上门，从桌子的抽屉里拿出文件，准备烧毁，这时传来了"嘭嘭"的敲门声。

烧毁文件已经来不及了，邓发灵机一动，顺手从桌上拿起心爱的画夹，将文件往画夹中间一放，打开窗户，纵身跳了出去。"哗啦"随着大门被砸开的声音，传来军警的吼叫声："人已经从窗口跳出去了，追！"

敌人相隔太近，想甩开敌人是不可能的。机智的邓发拐过几间房子后，来到一户关着门的居民门前，坐在门槛上，迅速打开画夹，执笔画起来。

几个军警追过来，四处张望，看到正在画画的邓发，围了上来，而邓发泰然处之，专心画画。敌人看了一会儿，没有发现破绽，又往前追去。隔了一会儿，大门轻轻打开了，一位中年妇女带着一个小孩走了出来，小孩看到邓发在画画，咧开小嘴，凑了上来。邓发看到这个可爱的孩子，于是说："我给你画一幅画像好不好？"

小孩拍着小手，欢喜地说："好，好。"小孩规规矩矩地站在那里，邓发边看边画了起来。

突然，几个军警又闯了回来。他们边看邓发边议论："跳出窗口的那个人就在附近，是不是这个装模作样画画的人？"

"那个人跳出去，眨眼就不见了，这里有鬼！"

"那个画画的人一定不是好东西，把他抓

起来。”

他们一下子上前用枪口对着邓发，而邓发却专心致志地为孩子画像，军警们看到惟妙惟肖、形态逼真的画像，看到邓发熟练的笔法，马上被征服了。

他们抬头互相看了一眼，一个军警问邓发："你是不是省港大罢工的头头？"

邓发故作惊讶地说："我一个穷画家，靠画画谋生，我搞不清楚头头不头头的。"

中年妇女也帮忙说话："你看人家带着画夹，画画的功力又是这么好，怎么会是头头呢？"

"哇——"这时小孩哭了起来，边哭边闹，"你们真坏！叔叔给我画像，你们来捣乱，哇——"

军警们一时傻了眼，只好摇摇头，往省港大罢工办公的地方走去。

4月15日，是黑暗的一天，李济深制造了四一五惨案，仅7天被捕者即达2100人，其中共产党员约600人，被秘密杀害者100余人。著名的共产党员萧楚女、熊雄、熊锐，广东工人领袖刘尔崧、李森、邓培等都不幸被捕或遭杀害，烈士的鲜血染红了珠江。

面对反动派的血腥屠杀，中国共产党和中国人民没有被吓倒，被征服，被杀绝。他们从地上爬起来，揩干净身上的血迹，掩埋好同伴的尸首，又继续战斗了。遵照党组织的指示，邓发留在广州，担任广东油业总工会党支部书记。在白色恐怖统治的险恶环境下，他以美术创作来掩护自己的秘密活动，经常到油业工人中去，关怀工人的疾苦，组织工人争取改善生活待遇，领导工人开展秘密的地下斗争。

大革命失败后，广东工农运动处于低潮时期，许多工会被反动派封闭，勒令解散。为了保护工会，反抗压迫，邓发积极协助省委、市委组织各种秘密的武装团体，有手车工人组织的"剑仔队""工人自救队"，海员工人组织的"义勇队"，还有省港罢工工人组织的"省港罢工工人利益维持队"等。邓发来往于各个秘密的武装团体之间，为他们送去广州市委内部出版的《红旗》和《广州工人》等刊物，认真做好组织宣传工作。

参加起义

1927 年 8 月 1 日，在以周恩来为书记的中共中央前敌委员会领导下，贺龙、叶挺、朱德、刘伯承等率领党所掌握和影响的军队两万余人，在江西南昌打响武装反抗国民党反动派的第一枪。南昌起义标志着中国共产党独立领导革命战争、创建人民军队和武装夺取政权的开端，开启了中国革命新纪元。8 月 7 日，中共中央在湖北汉口召开紧急会议（即八七会议）。会议着重批评了大革命后期以陈独秀为首的中央所犯的右倾机会主义错误，确定了土地革命和武装反抗国民党反动派的总方针，实现了由大革命失败到土地革命战争兴起的历史性转变。

八七会议后，共产党派出许多干部分赴各地，恢复和整顿党组织，发动武装起义。11 月下旬，中共广东省委遵照中共中央指示，作出了在广州发动武装起义的具体部署，成立领导起义的总指挥机关——革命军事委员会，由广东省委书记张太雷、广州工人赤卫队总指挥周文雍、中共广东省委常委兼广州市委书记黄平等组成，张太雷任书记；成立起义军总指挥部，叶挺为总指挥、叶剑英为副总指挥；积极发动广州工农群众，配合起义行动。邓发同周文雍、杨殷、陈郁、聂荣臻等参加起义的策划、发动和组织工作。革命军事委员会建立后，很快就把广州各业工人分散的秘密武装组织，改编为统一领导的工人赤卫队，邓发参加了工人赤卫队的组织领导工作。12月5日，中共中央批准广州起义计划。由于起义计划不慎泄露，中共广东省委召开紧急会议，确定起义提前举行。

12月11日凌晨3时30分，在张太雷、叶挺、恽代英、叶剑英、杨殷、周文雍、聂荣臻、陈郁等领导下，广州起义爆发。

起义时，邓发担任广州第五区工人赤卫队副指挥兼广州工人赤卫队第四联队队长，协助周文雍和第五区暴动委员会负责人李源等发动赤卫队、工人参加攻打警官讲习所、保安队、大南路警察署的斗争。

起义枪声打响后，整个广州市沸腾了，各路起义军向敌驻地发起猛攻，一时间杀声震天，人如潮涌。邓发率领赤卫队员，带着长枪、短枪、大刀、棍棒等武器，消灭了一批反动武装，占领了一些反动机关，敌保安队狼狈逃窜。为了扩大战果，他与李源率领工人武装在米市路，肃清五仙桥附近的敌人。起义部队经过两三个小时的激烈战斗，消灭了市内敌人，占领了敌人的反动堡垒——市公安局，把它作为广州苏维埃政府办公地点。邓发同部分赤卫队员怀着革命的激情，在维新路一带的马路上挂起大幅红布横额和标语，庆祝广州苏维埃政府成立。

起义取得节节胜利，邓发走上大街，呈现在他面前的是一派喜庆的节日景象，商店照常营业，街道两旁墙上贴着红的、绿的标语，上面写着"打倒帝国主义！""打倒国民党反动派！""打倒汪精卫！""组织劳农政府！"等。市民们在大街上竖起了革命的铁锤镰刀红旗，宣传队员们唱起了《工农兵暴动歌》：

> 工农兵联合起来向前进，
>
> 万众一心！
>
> 工农兵联合起来向前进，
>
> 杀绝敌人！
>
> 我们前进，我们奋斗；
>
> 我们暴动，我们胜利！

邓发看着动人的场面，心情十分激动。他回到广东油业总工会，工人们热情地欢迎他回来，一个个笑逐颜开。

正当他们沉浸在胜利的喜悦之中时，国民党反动派也集结反革命力量进行了大规模反扑。12日，由前线回援的国民党军约3个师，在英、美、日、法等帝国主义的军舰和陆战队的支援以及市内残存敌人的配合下，从南、西、北三面向广州市疯狂进攻。起义军四面受敌，张太雷在乘车赶赴总指挥部指挥战斗的途中遭到敌人伏击，不幸壮烈牺牲，年仅29岁，实现了他和众多革命者立下的"用我们最后一点的热血，保障广州苏维埃的政权"的铮铮誓言。

当敌人围攻全市的制高点——观音山时，邓发即到指挥部建议派赤卫队支援观音山作战，以击退反动武装的进攻。叶挺立即命令周文雍速调农军前往观音山和北大门一带增援。邓发带领一部分工人赤卫队员到达长堤，与教导团、警卫团等革命武装一起守卫沿江阵地。敌第5军军长李福林在珠江对岸河南，以炮艇作掩护，不断派反动武装横渡珠江，妄图登陆。起义武装以门板、木板、水桶、石块构筑工事，击退了敌军的多次进攻。由于敌众我寡，我方伤亡甚多。为了保存革命力量，12日黄昏，起义总指挥部通知各部撤出广州。邓发率领部分赤卫队员被迫从长堤转移到大德路、中华路四牌楼附近。起义的主力部队已经安全转移，邓发和赤卫队员还在阵地上同敌人展开激烈巷战。战斗至13日下午1时，他与3名赤卫队员仍坚持顽强抵抗，直到弹尽援绝，他们才撤退。敌人紧追不放，邓发在距敌400米左右时，迅即转入陶街牌坊巷5号四叔公邓北水家。

一阵"嘭嘭……"的敲门声，惊动了屋内的邓北水，还有临时在这里的邓发的三哥邓章。

惊慌的邓章壮着胆子将门打开一条缝，想看看是谁。没想到，门刚一打开，邓发像一道闪电冲进屋内。

邓章看着身上沾满血渍、灰头土脸的邓发，惊讶得睁大了眼睛。邓发急匆匆地对惊魂未定的邓章说："哥哥，我掩护起义主力部队撤退，同敌人打到弹尽援绝，我与剩下3人分头隐蔽，现在敌人四处搜查，不要害怕，敌人还没有发现我进来。"

邓发说完，邓章才回过神来。随后，邓发利落地把身上的外衣脱下来，用绳子捆绑好沉到井里，然后快步端起床头的痰盂，将脏水倒在床前。

突然，"嘭、嘭、嘭……"传来敌人的敲门声。

邓发摇手示意他们不要去开门，然后将痰盂放好，端起一个碗，从炉灶里挖了一碗灰，撒在脏水上面，伪造成病人呕吐的现场。接着，他躺上床，装成病人呻吟起来。

邓发在邓章耳边悄悄交代一番，邓章点点头，转身去开门。

两个敌人一进门，长着满腮胡子的敌人就吼叫起来："为什么这么久才开门？"

邓章赔着笑脸说："不知道是你们来了，我弟弟正生病呕吐，忙着照顾他，就开门晚了，请你们不要生气。"

两个敌人听到有病人躺在床上，马上振作精神，掉转枪口对准床上的邓发。

躺在床上的邓发，处在千钧一发之际，生命危在旦夕，敌人乌黑的枪口越来越近了。而邓发则紧闭双眼，双眉蹙成一团，一副十分痛苦的样子。

长着满腮胡子的敌人一步上前，伸出一只手，想去掀开邓发的被子，他的脚正好踩在地上的"呕吐物"上，马上收回腿，将脚上的脏物抖掉，然后问邓章："他得的什么病？"

邓章哭丧着脸，带着哭声说："他得了急性传染病，准备送他去医院，外面枪炮声连天，没法送……"

两个敌人一听，马上捂住鼻子，退出了房间。

邓章紧跟着出了房间。踩到秽物的敌人用手

指着装水的脸盆，邓章会意，立即用布蘸水给他擦鞋子。

这时，长着满腮胡子的敌人，大声吼叫："你们不能窝藏共产党，如果搜出共产党，砍了你们全家的脑袋。"

给他擦好鞋子的邓章，边在脸盆里洗手，边点头说："我们发现共产党，一定马上报告。"

两个敌人又在房子里扫视了一会儿，然后推门走了出去。

等到敌人走远了，邓北水和邓章这才深深地呼出一口气。

国民党军队重占广州后，立刻对起义军民进行了极端野蛮的大屠杀，到处搜捕参加起义的群众，广州城处在一片白色恐怖之中。反动军队简直杀红了眼，凡是有戴红领带的，或从身上查出红布条的，或被人举报参与起义的人，不问青红皂白，抓到就杀。就连新婚穿着红衣裳的媳妇、扎着红头绳的女孩子也不放过。市内大街小巷到处尸体纵横，血肉模糊。13 日至 19 日，5700多名革命士兵和群众遭到杀害，其中 200 多名共产党员牺牲。白云山下、珠江河畔、大街小巷，尸骸遍地，血流成河，广州全市笼罩在白色恐怖之中。

广州起义失败后，邓发并没有被革命失败的挫折吓倒，他抱着坚定的信念继续开展地下斗争。他乔装打扮成一名炊事员，经熟人介绍，转到市内西关的南海中学当临时厨工，避开敌人的搜查，继续为党工作。半个月后，奉组织的命令，邓发离开广州，回到云浮老家。

后来，邓发撰写了《纪念广州暴动 学习广州暴动经验和教训》一文，用历史唯物主义观点，讴歌了广大党员和革命群众的战斗精神，指出："广州暴动虽然在帝国主义国民党白色恐怖屠杀压迫之下遭受了失败，但是这一暴动已开辟了中国苏维埃革命的阶段，在世界及中国革命史上占了光荣的一页！"他又实事求是地总结了广州暴动的经验和教训，深刻地指出广州暴动失败的原因："在暴动的艺术上和军事的技术上都非常的幼稚。在群众发动上当时除了赤卫军、红色维持队及有组织的工人外，市郊农民及广大的工人、城市贫民尚未发动，暴动的力量自然减少……因军事训练的缺乏，夺取了敌人的武器不会使用，特别是不会使用大炮机关枪。而敌人的军事力量则超过我们几十倍，加之市内反革命力量，暴动两天尚未肃清，改组派同桂系的战争立即妥协由西江回师……再加上帝国主义（英、日、美、法、意）等的海军的围攻，使广州暴动不得不遭受失败。"

特科"神兵"

1927 年 5 月，周恩来开始担任中共中央军事部部长并主持成立中央军委特务工作处，在此基础上，于 11 月在上海建立了中共早期的情报保卫专业机构——中央特科。1928 年 11 月，中央政治局常委会会议决定成立中央特务委员会（简称中央特委），作为情报保卫工作的决策机构，代表党中央领导中央特科的工作。在周恩来的直接领导下，中央特科在保卫中共中央安全、营救被捕同志、惩办叛徒、搜集情报、与各苏区建立电讯联系、配合红军作战等方面，发挥了重要作用。同时，健全适应险象环生环境的秘密工作制度，实现了秘密机关"社会化"和"家庭化"。

就在 1928 年的春天，邓发听从组织安排前往香港，先任太古船坞党支部书记，不久即任中共香港市委组织部部长，在中央特科的领导下，组建并领导了香港的特科工作。

当时的香港，正是我国工人运动转入低潮的时期，在白色恐怖的笼罩下，共产党和工会组织遭到严重破坏，革命力量受到极大的摧残。党组织面临的重要任务：一是恢复党和工会组织；二是宣传教育群众。

邓发为完成党交给的任务，不畏艰险，四处奔走，通过各种方式联系已转入秘密斗争和隐蔽状态的党员，建立和恢复党的基层组织。根据地下斗争的需要，及时清除叛徒，保持组织纯洁。与此同时，邓发凭借长期生活在工人和团体工会中，热爱工人和善于做鼓动工作的长处，出生入死，深入工人群众中，积极做宣传发动工作，及时恢复了一些职工工会。

在白色恐怖的环境中，坚持地下斗争的共产党员经常受到国民党特务、密探甚至叛徒跟踪，被捕、被杀的事件时有发生。就是在这种艰险恶劣的环境里，邓发养成了一种特殊的敏感和高度的警惕性。同年夏天，邓发约陈慧清等4名工人在香港的尖沙咀海边碰头。这天，陈慧清和3名同志陆续来到约定地点，他们并没有发现有两个便衣特务在附近监视着他们。邓发来到后，一眼就发现了问题。为了同志们的安全，他镇静大方地向他们走来，边走边喊："密司王！对不起，叫你们久等了！"待走近他们时，便压低声音命令他们："有情况，马上散开！"然后，很自然地挽起陈慧清的胳膊，有说有笑地走开了。他们装成一对约会的情人，转移了特务的视线，同时掩护了其他同志们安全脱险。

中共组织在香港搞活动和开会，港英当局是严格禁止的，如果被发现就要被捕或者坐牢。国民党特务像疯狗一样，到处进行破坏和暗杀活动。每当组织重要会议，邓发总是想方设法采取各种方式，避免反动派的破坏。有一次，陈慧清接到开会的通知，她深知邓发会安排一个独特的地方，但是她竟然没想到，会议的地点选择在警察署对面的房子。当陈慧清来到开会地点，邓发早在门口等待，他悄声地问道："你感到这里安全吗？"

陈慧清细声地回答："恐怕连侦探、叛徒和其他反动分子都没有想到我们会在这里开会。"

"是的，这里是最危险的地方，也是最安全的地方。"邓发答道。

人员到齐后，邓发组织大家一起研究香港的形势，部署下一步的行动方案。

邓发十分重视宣传鼓动工作，他通过多种方式，宣传革命真理，坚定革命信心，唤起人民的觉醒。同时，与敌人展开积极斗争，取得了一次又一次的胜利。

1928 年夏，香港有几个反动资本家，利用商店橱窗的霓虹灯广告漫画进行反苏反共宣传，影响很坏。地下党员和革命群众对此都非常气愤，提议要迅速清除这几个反动宣传点，教训教训反动资本家。组织上同意了这一行动，并选定一家规模较大的食品店敲山震虎。中秋节晚上，这家商店前人来人往，顾客进进出出，好不热闹。邓发和手提酒瓶、瓦瓮的行动队员巧借人群作掩护，假装站在橱窗前欣赏陈列在窗内的糕点和月饼。邓发仔细观察周围，见没有可疑人员，便走出人群来到墙角处，摘下帽子发出行动信号，队员们立刻把酒瓶和瓦瓮往橱窗和商店门里掷去。随着"哗哗"的声响传出，橱窗和柜台的玻璃被打碎，霓虹灯被打坏，反动漫画也被砸烂，橱窗内待售的糕点、月饼都被撒上了尘土、木屑和碎玻璃等杂物。同时，一封义正词严的警告信也趁乱摆在了柜台之上。

事后，这个反动资本家再也不敢公开搞反动宣传，其他几个资本家见此也收敛了许多。很快，共产党人教训反动资本家的故事在人民群众中悄悄传开，他们在心中纷纷为中秋节之夜降临闹市的红色"神兵"叫好。

同年秋天，经过邓发等共产党员的共同努力，香港党的组织和工会组织逐步得到恢复，工人运动也开展起来了。党中央的机关报《红旗》《布尔什维克》，中华全国总工会机关报《劳动周刊》，广东省委主编的《针锋》三日刊，在香港秘密发行了，香港又传来了党的声音。邓发被补选为中共广东省委委员，兼中华全国总工会南方代表，香港工人代表会议主席和香港市委书记。

这年冬天，中共广东省委决定召开扩大会议，传达党的六大会议精神。省委委员、香港市委委员及全省各地区组织负责人均要参加，会议规模比较大。为了保证会议安全顺利地举行，党组织巧妙地利用省委秘书处文书科工作人员张穆和李少珍结婚的机会，特别布置了一个盛大的庆祝婚礼宴会，以作掩护。

在位于坚道的一座三层楼洋房里，大红喜字特别引人注目。这是新婚夫妇的住房，也是开会的地点。党组织的领导先后来到了会场，穿着婚纱、戴着胸花的新婚夫妇在大门口迎接客人，屋外开着留声机，屋内到会的人员听着领导的发言。

邓发既是与会者又是会议保卫的负责人，他随时掌握着内外的情况，警惕地注视着动向。一个小时、两个小时过去了，会议终于结束了，领导们先后离开了这幢值得纪念的洋房，邓发心中的一块巨石也落了地。

1929 年 7 月，广东省委决定撤销中华全国总工会南方办事处，成立工委并以中华全国总工会南方办事处的名义公开活动。邓发担任省委工委委员兼香港工人代表会党团书记，成了有名的香港工人运动的领导人。

邓发对敌斗争勇敢、机智，常常冒着被香港警探搜捕和叛徒特务跟踪的危险，负责领导香港、广州的党组织坚持革命斗争。为了保卫党的组织、保守党的机密，他指挥"打狗"，把叛徒处死。一次，一个叛徒在香港九龙油麻地跟上了他，他非常镇定、机智，设法与这叛徒周旋，把叛徒引到九龙塘铁桥下狠揍一顿，最后他从裤袋里拿出一根甘蔗头假装成拔枪射击的样子，吓得叛徒扭身就跑。就这样，他成功地逃脱了敌人的追踪。还有一次，邓发巧妙地设下圈套，把英国的杂差头（警察头）引到茶楼，把杂差头打死，使香港当局大受震动。

虎口脱险

　　1930年春天，邓发任广东省委组织部部长。他忘我地为党工作，常常忍饥挨饿，却从不向党伸手要钱。4月，邓发和陈慧清结婚不到半个月，广东省委派邓发到海南岛指导工作，他二话没说接受了任务。由于党的经费很困难，邓发找不到经费，回到家中心事重重。他没有把到海南的事告诉陈慧清，只说出差没有经费。他们家根本没有存款，怎么办？陈慧清翻开箱子取出一件长袖上衣，交代邓发几句就出去了。很快，陈慧清回来了。她将长袖上衣拿到当铺抵押，当点钱给邓发作差旅费。

　　到海南岛后，邓发同冯白驹一起主持召开了中共琼崖第四次代表大会。会上，邓发作了有关形势和任务的报告。他们根据周恩来和广东省委的指示，作出了实行土地革命，建立苏维埃政权，扩大红军，建立农村革命根据地，加强军事行动，打击敌人的决定，并选举和建立了以冯白驹为书记的琼崖特委。这为琼崖新的革命高潮的到来做了思想上和组织上的充分准备。

夏天，邓发出席了全国组织工作会议，进一步认识到组织工作的重要性，立志要搞好组织工作。

秋天，邓发到香港铜锣湾篱园的一个地下秘密印刷厂检查工作。印刷厂头天晚上被敌人破坏，两名同志被抓走，窗台上秘密联络暗号的花盆没有取下，特务在屋里继续等待前来联络的共产党员。邓发前来敲门，感觉里面情况不对头，便机敏地去敲对面房间的门。隐藏在房间的特务，只听到敲门声，不见敲门人进来，于是破门而出，见邓发站在对面门前，就上前盘问："你是干什么的？"

邓发说："我从广东乡下来，看哥哥。"

特务见他黑黝黝的脸庞，粗壮的手，说着满口的广东乡下话，就半信半疑。为了不使一人漏网，就把邓发抓了起来。

邓发被警方拘留后，凭着自己的斗争经验和敏捷的思维，沉着地应对敌人的审讯。他以攻为守，故意用云浮土话质问警方："为何逮捕我？"

当警方质问他是否认得邓发时，他镇静地反问："邓发是谁？"

无论警方如何审问、痛打，邓发始终咬住一个口供不变，他们只好把他关押到普通牢房里。

中共地下组织得知邓发被捕的消息后，一面派陈慧清到监狱打听消息，设法了解口供，以便组织营救，一面和邓发在警察局当厨师的五哥邓芳联系，让他设法保释。陈慧清以5元港币的代价，劳烦在狱中给犯人送饭的一个妇女带出邓发写着口供的条子。陈慧清拿上口供条子去找邓芳，邓芳根据邓发的口供找到警察局的上司，求他帮忙保释邓发。敌人对证了口供，最后由邓芳保释，邓发才得以出狱。

出狱后，组织上安排邓发养伤。但他不顾自己身体的伤痛，稍微歇息两天就到广东省委组织部工作。他带着焦虑的神情，坚定而又意味深长地对爱人陈慧清说："组织遭破坏，如果我们不抓紧工作，还要有更多的同志付出血的代价。我的身子硬，吐点血又算得了什么呢？要像顾正红那样，头可断，血可流，奋斗精神不可灭。"就这样，邓发带着伤痛，继续领导地下党的同志和革命群众坚持同敌人斗争。

由于邓发出色的工作，引起国民党反动派的极大恐惧，敌人害怕他也痛恨他，把他列为重点通缉对象，悬赏5万元捉拿他。为了邓发的安全和革命工作的需要，党指示邓发和陈慧清一起到福建工作。一天晚上，几个同志秘密地把邓发夫妇送上船。邓发告别战友，乘风破浪，奔向新的战场。

邓发和陈慧清到达大埔后，住在中共组织的秘密交通站。交通员向邓发报告说，前往福建的路很危险，大路有国民党军队把守，小路有土匪出没，拦路抢劫，无恶不作。邓发当机立断，让妻子继续回广东省委工作，自己化装成土匪，和交通员一起跋山涉水，历经千辛万苦到达了福建长汀。

03 保卫政权尽职责

转战苏区

　　1930年9月下旬，瞿秋白、周恩来在上海主持召开中共扩大的六届三中全会。会议通过《关于政治状况和党的总任务决议案》，停止了组织全国总暴动和集中红军进攻中心城市的冒险行动，纠正了"立三路线"的错误，党的整个工作逐步转到正常的轨道上来。会议改选了中共中央政治局，毛泽东被选为中央政治局候补委员。邓发参加了这次会议，被选为中共中央委员。周恩来在会上先后作《关于传达国际决议的报告》和《组织报告》，批评李立三对形势的错误估计，论述中国革命发展不平衡的原因和表现；批评了李立三忽视巩固发展苏维埃区域，成立行委，停止党、团、工会独立活动，在工作布置上犯了"左"倾冒险主义错误，强调加强红军和革命根据地工作的重要性。邓发受到一次深刻的教育，认识到"左"倾冒险主义错误的危害。

会后，邓发受中央委派，到闽西革命根据地传达中共六届三中全会决议精神。邓发凭着他的机智勇敢，渡过艰难曲折的险境，于11月下旬到达闽西，主持召开中共闽西代表会议，会议按照中共六届三中全会的决议精神，取消了闽西总行动委员会，恢复了闽西党、团、工会的独立组织和日常活动，闽西特委提出了"巩固闽西苏区与东江打成一片"的战略方针。

12月，受中共中央委派，邓发又来到粤东大南山——东江行动委员会所在地，主持召开中共闽粤赣苏区代表会，取消了"立三路线"时期的东江行动委员会，成立了闽粤赣边区特委、闽粤赣边区军事委员会、红军闽粤赣军区司令部。邓发被任命为特委书记，军事委员会主席。邓发在香港白区暗中与敌人作斗争，到了红区担任军事领导人与敌人展开正面的战斗，此时此刻，他心中无比激动。当时，闽粤赣的领导都是有才干、有经验、出类拔萃的人才，如闽粤赣特委职工委书记方方、秘书长萧向荣、组织部部长李明光、宣传部部长郭滴人、闽粤赣边区苏维埃政府筹委会主任罗寿春、闽粤赣军委会和红军闽粤赣军区司令部参谋长萧劲光、闽西苏维埃政府主席张鼎丞等，他们一起商议开展革命斗争。

边区特委建立后不久，邓发等为贯彻中共中央指示，对县、区、乡各级党和政府、武装队伍进行整顿，健全各种机构。邓发和张鼎丞等深入所辖地区，恢复和建立了（上）杭武（平）、饶（平）和（平）（大）埔、潮（阳）澄（海）饶（平）县委、县苏维埃政府、县游击队。在邓发等人的部署下，闽粤赣苏区特派员、中共西北分委书记刘琴西等主持建立兴（宁）五（华）龙（川）、蕉（岭）平（远）寻（乌）、梅（县）丰（顺）县委、县苏维埃政府和县游击大队，区乡武装，并巩固了揭（阳）丰（顺）五（华）红色区域。这样，就使闽西、粤东北和寻乌南部及其他一些零散的红色据点，统一成为闽粤赣苏区。

在邓发等人的领导下，星星之火，已经在闽粤赣大地点燃。扩大后的闽粤赣苏区，紧紧地与中央苏区联系在一起，闽粤赣苏区的斗争也有力地支援了中央苏区。

1930年冬至1931年，国民党反动派集中兵力向中央苏区先后进行3次"围剿"。在中共闽粤赣特委和邓发等人领导下，闽粤赣地区军民配合了中央苏区红军进行反"围剿"斗争，进而巩固了闽粤赣苏区，并在这个地区开展了土地改革，发展农业生产，发展工商业和文化、教育事业。同时，根据党中央和毛泽东的指示，正式开辟上海—香港—汕头—大埔—福建永定、长汀—江西瑞金的中央红色交通线，打通中央苏区与各地的联系。大埔交通中站是中央苏区南部的前沿，居于国民党统治区与苏区的接合部，地理位置非常特殊和重要。邓发领导了这条红色交通线的建设，选拔了政治可靠、能力水平强的卢伟良担任大埔交通站站长，确保了党中央和中央苏区的联络通畅，安全护送了200名党政军领导和一大批干部、通信技术人员、文艺工作者进入苏区，成为一条"摧不垮、打不掉"的地下航线。

在边区工作时，邓发常常穿行在农村、圩镇、县城之间部署工作。粉碎敌人"围剿"前后，闽粤赣边区特委设在闽西永定县虎岗村（今福建省永定区虎岗镇），他在这里多次召开特委会议布置工作。邓发非常重视培养军队干部。闽粤赣彭杨军校也设在该村附近，专门负责培训边区红军基层干部以及少数革命干部。萧劲光、留学苏联回国的李林等任教员，邓发兼任教员。邓发曾向学员们讲授中国革命斗争形势与任务等课程。学员们经过短期训练后，重赴前线，同敌人作战，保卫和发展革命根据地。

当时，闽粤赣等边区发现有暗藏的反革命分子，党中央决定进行肃反。邓发和当地同志根据上级指示精神，逮捕和处理了一些反革命分子。一个冬天的深夜，寒流突然来袭，邓发到前线岗哨巡查，看见两个红军哨兵衣服单薄不能御寒。他立即返回住所拿了两套棉衣给哨兵穿。这两名哨兵加穿了衣裳，非常感谢他的关怀。他这种寒夜送棉衣的好作风，受到红军士兵的称赞。

1931 年 2 月，邓发主持召开中共闽粤赣特委扩大会议，传达了中共中央关于"立三路线"的错误不只是策略错误而且是路线错误的《中央第九十六号通告》，指出了"立三路线"错误对革命事业的危害性，并决定采取措施，纠正错误，肃清"左"倾对闽粤赣边区的影响。

4 月，中共闽粤赣特委在邓发主持下，在永定县虎岗村召开扩大会议，讨论和接受中共六届四中全会决议。中共六届四中全会，是共产国际代表米夫以突然袭击的方式，于 1931 年 1 月 7 日召开的，将王明扶上了台。王明实际掌握中共中央的领导权后，推行了比李立三更"左"的路线。从此，以王明为代表的"左"倾教条主义错误在党的领导机关内开始了长达 4 年的统治。4 月 4 日，中共中央致信闽粤赣特委："必须肃清内部的——红军中、政府中、党部中的一切反革命分子，站在阶级立场上以最严厉的手段来镇压，最主要的必须在群众中揭穿他们的反革命阴谋。""右倾在党内在群众中要看成最主要危险，对一切消沉、悲观、保守、失望、逃跑等的观念要给予无情的打击，要坚决反对实际工作中的机会主义，要与反立三路线及对立三路线调和主义的斗争完全联系起来。"5月14日，闽粤赣特委根据中共中央指示信的精神，决议要反对反革命分子，王明"左"倾教条主义错误路线开始在闽西根据地贯彻。

5月，中共闽粤赣特委根据中共中央指示，改组为中共闽粤赣省委，邓发为书记。6月2日，在邓发主持下，省委常委通过了《中共闽粤赣省委关于反对军阀混战，肃清社会民主党，冲破敌人围攻的决议》，指出："帝国主义没有打倒……军阀制度没有消灭以前，军阀混战是继续不断地爆发的……军阀混战的爆发，必然的一方面在首先加紧对于苏维埃红军的进攻，而更加使闽西的斗争形势严重。"为此，"在军事战略上，为要冲破敌人的围攻，各个工农武装必须正确的运用集中攻击及分散游击的战术，以打击敌人消灭敌人的力量"。

7月，根据中共中央指示，邓发离开闽粤赣地

区，由大埔县交通站工作人员做向导，辗转到达
江西瑞金。

保卫局长

　　瑞金，位于江西省南部，武夷山脉南段西麓，
赣江东源，贡水上游。东与福建省长汀县交界，
南与会昌县毗邻，西连于都县，北接宁都、石城
二县，是中央革命根据地所在地，被称为红色
首都。

　　经过千辛万苦抵达中央苏区后，邓发开始进
入中央领导核心机构工作。1931 年 8 月 30 日，
中共中央通过了关于中央苏区党组织问题的决议，
决定由周恩来、项英、毛泽东、任弼时、王稼祥、
顾作霖、邓发、朱德 8 人为中共苏区中央局委员
（该局此前于 1931 年 1 月 15 日成立）。邓发在
中国工农红军总司令部政治保卫处担任领导工作，
任中华苏维埃共和国中央革命军事委员会委员兼

中国工农红军第一方面军政治保卫处处长。

1931 年 11 月 7 日至 20 日，在江西瑞金召开了中华苏维埃第一次全国代表大会，选举产生中华苏维埃共和国执行委员会，宣布成立中华苏维埃共和国临时中央政府。毛泽东当选为中央执行委员会主席和中央执行委员会人民委员会主席。会上，邓发被选为中央执行委员会委员兼国家政治保卫局局长。同时，他也是中华苏维埃共和国中央革命军事委员会 15 名委员之一。

国家政治保卫局当时的职责，是在苏维埃境内，依照中华苏维埃共和国宪法的规定，在临时中央政府人民委员会的管辖之下，执行侦察、压制和消灭政治上、经济上一切反革命的组织活动、侦探及盗匪等任务。

在国家政治保卫局成立之前，中共的情报保卫工作分为苏区和白区两大系统。白区的情报、保卫工作归特科主管；苏区的情报、保卫工作归肃反委员会主管。国家政治保卫局成立之后，统管各苏区、白区的情报保卫工作。国家政治保卫局下设侦察、执行、白区工作、秘书等部门。执行部部长为李克农，白区工作部部长为潘汉年，欧阳毅先任执行部执行科科长，后任秘书长。还有一个保卫大队，吴烈任大队长，海景洲任大队政委。

国家政治保卫局实际上就是中华人民共和国公安部、安全部的前身。

明月挂在中天，洒下大地一片银辉。夜已深，人已静，而邓发却坐在屋外的一块石头上凝望前方思考着问题。国家政治保卫局局长这副重担压在这位 25 岁的年轻干部肩上，他深感责任重大。蒋介石正在对中央革命根据地进行"围剿"，还不断地派奸细、暗探渗入红军内部，妄图刺探党和红军的机密情报，刺杀党政军高级干部。怎样针对这一阴谋采取行动，他的思路慢慢地清晰起来。

"沙沙……"传来了脚步声。邓发警惕地站起来，转头望去，原来是爱人陈慧清。

陈慧清走上前，亲切地说："夜已深，早点休息吧！"

邓发微笑地说："好！问题已经理出头绪，可以回去休息了。"

邓发挽着陈慧清的手，走向他们的宿舍。

年轻的国家政治保卫局局长邓发，按照他的思路，运用多年来在白区秘密工作的经验，以各种有效手段培养训练机要、警卫干部，制定和部署反特防间等一项项措施。他坚持执行严格的短期轮训计划，凡是担任中共中央、中革军委和中央工农民主政府机关和首长机要的人员、保卫干部和警卫人员，除了按规定条件选调、严格政治审查外，还要由国家政治保卫局进行短期集训。

邓发不但参与制订训练计划和内容，还给学员授课。他讲课的神态和幽默的语言，给学员们留下了深刻的印象。邓发在给机要干部集训时强调指出："我们现在对蒋介石有两条战线的斗争任务，一条是两军对垒。就是敌人用飞机、大炮袭击和手榴弹投掷的方式，企图消灭红军，这是公开的战争，是外线作战，这并不可怕。我们集中优势兵力，出其不意地歼灭敌人，取得了三次反'围剿'的胜利。我要给你们讲的是另一条战线的斗争，叫内线作战，就是蒋介石派遣暗探和奸细，隐藏在我们内部作战，这要高度警惕！因为做机要工作的干部，就要担负起这条内线作战的任务。因为你们了解和掌握党和红军的核心机密，如果从你们口中泄露出去，或文件保管不当，被敌人听到或盗窃出去，蒋介石就如获至宝，红军就要打败仗，党和革命事业就可能毁于一旦！所以，作为主管内线作战的国家政治保卫局和所有做机要保卫工作的干部，除了对党对革命绝对忠诚可靠外，还要有严格的组织纪律约束，有铁的纪律，一定做到守口如瓶，否则就要受到严厉的惩处，因为这是关系到党和红军生死攸关的问题。"

邓发担任国家政治保卫局局长期间，是中国共产党、中国工农红军面临生死考验最严峻的时期，在这个时期他展现出了卓越的组织和指挥才能，为中国革命事业作出了重大贡献。当时瑞金中央革命根据地的红军，犹如燃烧的熊熊烈火，强大的敌人时时想扑灭这燎原之火，他们派飞机侦探苏区，派暗探偷窃情报，破译红军的机要密码，在邓发的呕心沥血、日夜辛劳下，苏区各省县和红军各军、师、团陆续建立起各级政治保卫机关，敌人的阴谋没能得逞，确保了党中央机关的安全，确保了毛泽东、周恩来、朱德等许多领导同志的安全。由于红军保密工作做得好，就是红军在第五次反"围剿"失败后，红军撤出中央革命根据地这样大规模的军事行动，党和红军的机密情报都没有泄露出去，当红军突破第一道封锁线时，蒋介石才知道红军撤出苏区的意图。

1934年1月22日至2月1日，在瑞金召开了第二次全国苏维埃代表大会，邓发再次当选中央执行委员会委员，中央政府主席团成员兼国家政治保卫局局长。在中共六届五中全会上，邓发被选为中央政治局候补委员。

参加长征

从1933年9月开始，蒋介石在德、意、美等军事顾问的参与策划下，调集100万军队对各革命根据地发动大规模"围剿"，其中50万兵力用于进攻中央革命根据地。临时中央负责人博古和共产国际军事顾问李德在反"围剿"中推行单纯防御的军事路线，对红军实施错误的指挥，使红军和革命根据地遭受重大损失。到了 1934 年 9 月上旬，国民党军队加紧对中央革命根据地发动进攻，红军已无在原地扭转战局的可能。10 月中旬，中共中央、中革军委率中央红军主力 8.6 万多人，踏上战略转移的漫漫征程，开始了世界历史上前所未有的壮举。中央根据地随着第五次反"围剿"的失利丢失了。

当时红军撤离中央革命根据地是秘密的。按照中央指示，将中央机关编成两个纵队：第一纵队代号"红星纵队"，是首脑机关，也是红军总指挥部，博古、周恩来、朱德、李德等都编在这个纵队；第二纵队代号"红章纵队"，由中共中央机关、政府机关、后勤部队、卫生部门、总工会、青年团、担架队等组成，毛泽东、洛甫（张闻天）、王稼祥等编在这个纵队，李维汉任纵队司令员兼政治委员，邓发任副司令员兼副政治委员。长征途中，邓发既要指挥第二纵队进行艰苦行军，又要领导国家政治保卫局工作，任务艰巨，责任重大。

随第二纵队司令部行军的有总政治部代主任李富春，还有蔡畅（李富春夫人）、陈慧清、刘群先（博古夫人）、阿金（金维映）4名女同志。后来李维汉回忆，司令部下面还有几个单位：一是干部团，或干部连（也叫工作队），有100多人，李坚贞是指导员。这个干部团不是打仗的，是专门做地方工作和安排伤病员的。二是干部休养队，也有100多人，徐老（特立）、谢老（觉哉）等都在休养队。他们不担任工作，只要身体好，能随军走就行。三是警卫营（营长姚喆）。四是教导师（师长张经武），担任后卫，约5000人。配属第二纵队领导的还有100多名地方干部，他们对地方政权建设有经验，准备去新区建立政权。此外，还有运输队，挑夫很多，任务很重，有大量的文件资料和中央银行的银圆、钞票需要挑着走。

干部休养队，是一支特殊的部队。邓发派国家政治保卫局的谢老担任干部休养队的负责人。

火红的太阳渐渐向西倾斜，邓发步行来到休养队驻地，在一块石头上坐下来。休养队的同志看到邓发来了，纷纷围上来。队里的每个同志带了一袋干粮、一个挂包、一张毯子、一杆红缨枪，一副待命出发的样子。平时严肃的邓发，这时满脸笑容，他炯炯有神的双眼看向大家，然后用带广东音的普通话说："我们这个连很好。各方面的干部都有，男的，女的；有音乐家、有搞戏剧的，还有文学家。如果演个节目，不用到别的单位去借用。还有很多做群众工作的同志，各行各业不愁没有做群众工作，真是应有尽有。"他幽默的讲话，逗得大家都笑了起来。出征前，全队同志心情都很沉重，眼见就要离开战斗多年的地方，都有些恋恋不舍，并且有些压抑。大家听了他的话，心情轻松了许多。

在长征行军途中，邓发有时走在队伍前头，有时走在队伍后头，有时又在队伍中间，关心大家的困难，鼓励大家坚信革命一定会胜利。他对病号特别关照，经常让出自己的马匹给病号骑，常把仅有的一点食品转送给体弱多病的同志，并派人保卫病号。为了同志们的安全，他把自己的生死置之度外，常常同保卫大队的同志一起，严防敌人的追踪袭击。每天宿营，他完全不顾自己行军的疲劳，清点人数，查问病号。他和警卫员吃一样的饭，从不搞特殊，不论战斗多么紧张，环境怎样艰苦，他一直精神抖擞，有说有笑，他那坚定的革命信念和革命乐观主义精神，影响和鼓舞着同志们去战胜长征中的各种困难。

蒋介石不仅以几十万国民党军队对红军进行围追堵截，妄图一举歼灭，还派遣特务、收买走狗追随红军进行捣乱破坏。因此，红军在前进中不但要和公开的敌人战斗，还要和隐藏的敌人进行斗争。担任国家政治保卫局局长的邓发，还要侦破国民党反动派的破坏活动，保卫党中央和同志们的安全。

1934 年 11 月，中央红军进入广西少数民族居住区后，由于国民党反动派的破坏，红军驻地屡次起火，把苗族同胞的住房，甚至整个村子烧成灰烬。这不仅威胁着红军的安全，而且在政治上给红军造成严重损失。一天，队伍在龙坪镇宿营，深夜 12 时，周恩来的住房后面燃起了大火。火光冲天，全体战士被惊醒，周恩来和警卫人员从烟火弥漫的房中跑了出来，平安无恙。张闻天、王稼祥等首长闻讯后来看望周恩来。邓发也及时赶来了。几位首长和邓发立即开会，研究起火的原因。周恩来经过分析，指出：这是敌人放的火！

遵照周恩来的指示，邓发迅即领导保卫局的同志进行侦破，当夜查出了3个坏家伙，经审讯证实，他们受国民党反动派的收买，使用放火的毒计，破坏红军和群众的关系，有意污蔑"红军放火杀人"。翌日，国家政治保卫局立即召开群众大会，向群众宣传红军的性质和政策，揭穿阶级敌人放火的罪恶阴谋，宣布红军赔偿由于敌人放火所造成的群众损失。老乡们听后，气愤极了，个个摩拳擦掌，齐声要求严惩放火者，当场枪毙了那3个纵火犯。

敌人妄图破坏红军和群众关系的阴谋未能得逞，而共产党和红军在群众中的威信却大大提高了。

著名的遵义城，屹立在贵州的西南部，它北倚娄山，南濒乌江，为黔北重镇。郡治罗山带水，

险要天成。郡城西南绕山巅无濠，东北临湘江为池。近控五城，远瞰巴巫，形势雄峻。一场挽救党和红军生死命运的会议即将在这里召开。

1935年1月，红军在连续占领夹子场、鲤鱼坝等地之后，又胜利攻占了遵义城。3个月的长征，使红军将士对中央一年来反"围剿"的策略及长征以来的损失很不满。特别是湘江一战，可谓"寸土千滴红军血，一步一尊英雄躯"，中央红军由长征出发时的8.6万余人锐减到3万余人。残酷的斗争现实，使党和红军内部对错误领导的怀疑、不满和要求改换领导的情绪迅速增长，一些曾经支持过"左"倾错误的领导人，也逐渐改变了态度。

1月15日至17日，在遵义召开了具有伟大历史意义的中央政治局扩大会议（即遵义会议），集中解决当时具有决定意义的军事和组织问题。出席会议的中央政治局委员有毛泽东、张闻天、周恩来、朱德、陈云、博古，候补委员有王稼祥、刘少奇、邓发、何克全（凯丰），红军总参谋长刘伯承、红军总政治部代主任李富春、红1军团军团长林彪、红 1 军团政治委员聂荣臻、红 3 军团军团长彭德怀、红 3 军团政治委员杨尚昆、红 5 军团政治委员李卓然、共产国际驻中国军事顾问李德、翻译伍修权、中央秘书长邓小平参加了会议。会上，博古代表党中央作了反"围剿"的总结报告；周恩来代表军委就军事问题作副报告；毛泽东在会上作长篇发言，他批判了"左"倾机会主义者在军事领导上所犯的一系列根本性的错误。会议增选毛泽东为中央政治局常委，委托张闻天起草《中央关于反对敌人五次"围剿"的总结的决议》，取消长征前成立的"三人团"。会后不久，在向云南扎西地区转进途中，中央政治局常委决定由张闻天代替博古负总的责任，毛泽东为周恩来在军事指挥上的帮助者，后成立由毛泽东、周恩来、王稼祥组成的三人小组，负责全军的军事行动。

遵义会议是党的历史上一个生死攸关的转折点。这次会议在红军第五次反"围剿"失败和长征初期严重受挫的历史关头召开，事实上确立了毛泽东同志在党中央和红军的领导地位，开始确立了以毛泽东同志为主要代表的马克思主义正确路线在党中央的领导地位，开始形成以毛泽东同志为核心的党的第一代中央领导集体，开启了党独立自主解决中国革命实际问题新阶段，在最危急关头挽救了党、挽救了红军、挽救了中国革命。邓发参加了遵义会议，他根据中国革命实践的经验和自己的切身体会，认识和批判了王明的"左"倾错误，坚决拥护以毛泽东同志为核心的党的第一代中央领导集体的领导。

遵义会议刚开完，邓发就怀着无比兴奋的心情来到国家政治保卫团，先了解部队的情况，第二天便召开连以上干部会，传达遵义会议精神。他告诉大家，中央决定率红一方面军继续北上，决定整编部队，把保卫团的3个营，分别编到红1、红3军团。接着，他详细地说明了中央这一决定的重大意义。他说："从撤出江西中央根据地两个月的许多事情来看，要实现这个战略目标，非采取机动灵活的战术不可。整编能够使机关精干，加强战斗部队，在有利的情况下歼敌制胜；在不利的时候轻装疾进，迅速摆脱敌人。这样才能达到保存红军、打破敌人围追堵截的目的。"

遵义会议精神像春风一样，很快传遍政治保卫团，指战员们个个精神振奋，心情舒畅。于是，政治保卫团除由吴烈领导一个连与中央内卫队合并外，其余部队先后编入红1、红3军团，信心百倍地跟随着毛泽东继续长征。

长征途中，邓发和陈慧清虽然在同一条路线上，但他们很少见面。部队到达四川会理时，由于长途跋涉，劳累过度，陈慧清病倒了，邓颖超大姐专程两次来看望陈慧清，并告知了邓发。邓发风风火火赶到陈慧清身边，安慰了几句，留下几枚银圆，就离开了。红军过草地前夕，邓发患病发高烧，陈慧清来看他，见他身体虚弱，就将准备过草地的粮食给他煮了一碗吃。肚子很饿的邓发吃过饭后，匆匆与陈慧清告别。直到红军到达吴起镇，他们才相聚在一起。

1935年10月，陕甘支队抵达陕北吴起镇。中央红军经过整整一年的长途跋涉，胜利结束长征。

然而，陕北也是一块贫瘠之地。红军到来，吃穿住成了大问题，尤其是粮食问题更加突出，筹备粮食任务相当艰巨。红军到达陕北后，成立了中央政府西北办事处。邓发被任命为中央政府西北办事处粮食部部长，他抓紧筹集粮食，以解决当时迫切的吃饭问题。粮食部在邓发的领导下，有效地开展收储和分配粮食的工作。11月2日，邓发在《斗争》上发表了《积极准备春耕运动》一文，指出应把动员开展春耕运动当作是战争动员的一部分来完成。

秘密访苏

在中共中央率领红军北上到达陕甘根据地的前夕，日本军国主义者以咄咄逼人的嚣张气焰，利用国民党统治者不抵抗政策，加紧对华北地区进行掠夺。

1935年12月17日至25日，中央政治局在瓦窑堡召开扩大会议，通过了《中共中央关于目前政治形势与党的任务的决议》，分析了当时国内外形势、阶级关系的变化，批判"左"倾机会主义路线，纠正了党内存在的关门主义错误，决定建立抗日民族统一战线。邓发出席了这次会议，并向同志们传达了这些重大策略，表示为努力贯彻党的重大策略而奋斗。

1936年年初，中共中央为了向共产国际汇报中国政局与党的情况，准备派人专程前往苏联。这时，中共同东北军之间的统一战线工作取得了重大进展，在停止内战、组织国防政府与抗日联军、联合苏联、互派代表、通商等方面，达成了初步协议。周恩来决定派遣邓发作为中国共产党代表，经新疆转赴苏联。4月13日，周恩来将这一决定电告在前线指挥作战的毛泽东、彭德怀征求意见。4月20日，毛泽东、彭德怀回电说："邓发同志去苏联以快些动身在夏天到达并取得结果为好。"6月初，邓发化名杨鼎华离开瓦窑堡，途经西安并作短暂停留，准备去苏联。

6月间，美国进步记者、作家埃德加·斯诺从北平来到西安，准备去陕北采访，以便打破国内外反动派的新闻封锁，向世界各地报道骁勇善战、不可征服的中国工农红军，介绍领导红军的领袖人物的革命历史。从西安去陕北是很危险的。国民党的特务很多，活动也很猖獗，不仅把大批共产党员逮捕入狱，还处处跟踪外国进步记者和作家，阻挠和破坏他们去陕北红色根据地。为了斯诺的安全，党组织指派当时正在西安的邓发护送斯诺去陕北。

一天早晨，负责跟斯诺联系的王牧师（董健吾）陪同一位穿着东北军军官制服的青年，跑来找斯诺，提议坐汽车到西安城外的汉代古城去观光。当斯诺坐进等候在旅馆门口的挂着窗帘的汽车时，他见车里早已坐着一个人，那人眼戴墨镜，头戴白帽，穿着国民党官吏常穿的中山装，车行一路那人都没开过口。车子到目的地后，那人走下了汽车，走近斯诺，用他有力的双手紧紧握住斯诺的手，把斯诺吓了一跳。只见那人用快乐的声音说："你看我！你看我！你认识我吗？"斯诺呆呆地望着他发怔。那人用一只手指着自己的胸口说："怎么，不认识我？我就是邓发呀！"斯诺听了，不禁大吃一惊："邓发？邓发！邓发是中国红军特务队的首领，中国共产党秘密警察的头子，是国民党政府悬赏 5 万元要他的脑袋的呀！"斯诺问邓发："你不为你的脑袋担心吗？"邓发咴咴地笑着说："不见得比张学良更担心，我是和他住在一起的"。后来，斯诺在他的名著《红星照耀中国》里，用了很长的篇幅生动地记述了他同邓发的这次会见。

邓发告诉斯诺，他要护送斯诺到陕北去。他告诉斯诺路上应该怎样走，在陕北应该怎样生活，还告诉斯诺到陕北一定是大受欢迎的。斯诺还没有走进中国红色的大门，便与邓发相见，这使他非常兴奋。有这样一位久经考验的共产党的保卫干部与他同行，他是再放心不过了。邓发一直护送斯诺到达延安。此后不久，邓发又日夜兼程返回西安，准备继续完成赴莫斯科的任务。

从西安去莫斯科，路途很遥远，处境很艰险。邓发化装成国民党军官到兰州，准备借道新疆去苏联。当时，由于国民党政府新疆省政府主席盛世才禁止内地与新疆联系，要进入新疆十分困难。为了能顺利地进入新疆，邓发有意识地结识了一个将要赴新疆演出的戏班子。他凭着勤快的手脚，干各种杂活的熟练手艺，很快取得戏班子老板的信任。

于是，邓发跟着戏班子的骆驼队踏上入疆的途程。在那天气变幻莫测的戈壁大沙漠中，邓发心里始终装着"一定要完成党交给的任务"的坚定信念，以惊人的毅力，冒着飞沙走石，顶着高温酷暑，不惜干着最重的杂活，吃着硬得像石块一样的干粮，喝着少得可怜的一点溪水，一步步地向新疆前进。他就是这样克服了难以用语言形容的困难，终于到达新疆的迪化（今乌鲁木齐市）。在新疆，邓发几经周折，避开新疆当时政权控制者盛世才的密探，设法同苏联领事馆取得联系，然后秘密转赴苏联。

1937 年，邓发在苏联期间，不但代表中共中央向共产国际汇报了中国革命的情况，还参加了中共中央驻共产国际代表团的工作。在莫斯科，他刻苦学习和研究马克思、恩格斯、列宁、斯大林的革命理论和中国革命等问题，他应邀到列宁大学讲授《中国工人运动》《中国现代革命史》

《中共党史》等，还常到工人夜校一连作几个小时的讲演和报告，既有理论，又有实际，给听众留下了深刻的印象。按照规定，他每次讲课都有讲课费。他把领到的讲课费，全部交给中央作为组织的活动经费。他的这种刻苦学习和勤勉工作的精神，受到同志们的尊敬。

邓发在遥远的异国苏联，而陈慧清此时还留在陕北。不知不觉中，邓发离开陈慧清已经好几个月了，并且音信全无，陈慧清十分担心。半年后，邓颖超大姐才将邓发在苏联的信息告诉陈慧清，陈慧清知道邓发一切安好，心中的一块大石头总算落了地。

履职新疆

1937 年 7 月 7 日，卢沟桥事变爆发，日本帝国主义发动了全面侵华战争。从九一八事变到七七事变，全中国掀起了民族自卫战争的高潮。

中国共产党因势利导，并努力与国民党取得联系，实现了国共两党的第二次合作，建立起抗日民族统一战线。新疆作为全国抗日的大后方，处于十分重要的战略地位，与当时世界上唯一的社会主义国家苏联接壤，苏联和国际上援华抗日的物资通过新疆源源不断地运往全国各地抗日前线。同时，中国共产党的干部要从内地到莫斯科参加国际会议，去莫斯科治病休养，或去苏联学习，走新疆这条路线既方便又安全，因此新疆又是一条重要的国际交通线。

1937年9月，邓发在苏联胜利地完成了党交给的光荣使命，由莫斯科回国到达新疆迪化。中共中央指示他留在新疆接替陈云的工作，化名方林，担任中国共产党驻新疆代表、第18集团军驻新疆办事处主任，主管党在新疆的全面工作。

邓发到新疆后，放手发动群众，积极开展工作，坚持抗日民族统一战线。在他到达之前，党在新疆同国民党政府以实行"反帝、亲苏、民平（民族平等）、清廉、和平、建设"6项措施为条件，建立了国共合作的抗日民族统一战线。但我

党在新疆的组织力量还很薄弱，党员人数较少，总共不到 100 人，有的县只有一名党员，非常不利于开展工作。邓发放手发动群众，组织各种群众团体，推动抗日工作。他通过反帝会这一统战组织，统一领导各群众团体。反帝会的第一任秘书是俞秀松，第二任秘书是王宝谦（兼新疆日报社社长），第三任秘书是黄火青（兼新疆日报社副社长）。邓发通过《新疆日报》宣传党的抗日主张，号召各界人士投入抗日斗争，坚持党的抗日民族统一战线政策。因此他对报社工作非常关心，经常给报社工作的同志们作报告、讲形势。他又领导和组织了民族联合会、各民族文化联合会、妇女联合会、商人联合会、青年学生联合会，团结新疆各族人民，发动各界人士、各族群众给八路军捐款，支援抗日斗争。

当时，新疆文化非常落后，教育经费极少，学校寥若晨星。除迪化外，伊犁也只有一所中学。在学校学生学的是经文，阿訇是学校校长或经文教员。汉民族的学校则是私塾，学的是四书五经。因此，组织各民族青年学习文化，是当时工作中一个重要部分。在邓发的领导下，通过各民族文化联合会，在各地建立学校，还派干部去加强学校的领导工作。此外，又通过各民族文化联合会，开展新戏剧、新歌曲运动，团结教育各族青年，深受各族青年的欢迎。盛世才为同我党争夺青年，派他老婆带了一批人到新疆督办公署学歌，他要求邓发派我党干部当文化教官，教他们唱歌。邓发派李广去，李广并不懂乐理，也不会作曲，只会唱歌。邓发告诉李广，不讲乐理，不讲乐谱，只讲歌词的历史背景。李广按照邓发的要求，穿着战士制服、草鞋，坐上盛世才派来的小汽车到督办公署去教唱歌。这件事引起了群众的强烈反响，他们说："八路军有人才，连战士都被督办公署请去当教官了。"邓发就是这样通过各种途径扩大我党的影响。

经过邓发和我党同志的努力工作，从迪化到遥远的边塞，毛泽东、朱德的名字家喻户晓。由于国民党反动派执行对少数民族的歧视政策，造成民族隔阂。过去，新疆少数民族称汉人为"黑叶达"。现在，他们亲切称呼为"新汉人"。

为了全面贯彻党的抗日民族统一战线政策，邓发对统战对象——新疆的"土皇帝"盛世才，坚持了又团结又斗争的策略。有时，在处理一些问题时，盛世才不同意，邓发耐心地做说理工作，但同时又坚持原则，从不让步。邓发对盛世才的本质认识得很清楚，说他是"狼种猪"，又蠢又狠。当时，盛世才要求参加中国共产党，邓发说他相差很远，拒不批准。盛世才为了限制我党的工作，缩小我党的影响，不同意我党派干部到一些单位工作。邓发就采用"先斩后奏"的办法，先派人打开局面，使盛世才也无可奈何。在邓发的领导下，我党在新疆的工作非常活跃，使盛世才又怕又恨。

　　在新疆，邓发还领导了"新兵营"的工作。"新兵营"是由红四方面军西路军的干部和战士组成的总支部，对外称"新兵营"。邓发给"新兵营"的同志们上党课，作时事报告，讲抗日战争发展的形势，提高他们的政治觉悟，增强他们的党性。同他们一起批判了张国焘的分裂主义错误，把他们团结在党中央周围。他还组织"新兵营"的同志学习技术，进行技术训练。他把全体人员分编为3个队，一队学炮兵，一队学无线电，一队学医疗，鼓励他们学好技术，为党做更多工作，为坚持抗日战争的最后胜利多出力。在"新兵营"，邓发和战士们吃穿一样，生活上从不搞特殊化，给大家留下了深刻的印象。邓发在"新兵营"的工作，为我党培养了一批军事技术干部，有力地支援了抗日战争。

1938年9月，在中共六届六中全会上，邓发被任命为中共中央政治局候补委员。后来邓发还成为中共中央职工运动委员会的负责人。

1939年9月，中共中央根据工作需要调邓发返回延安工作。临行前，邓发和陈潭秋深入研究了新疆的工作。在新疆工作的两年时间，邓发出色地完成了党中央交给他的重任，作出了卓越的功绩。

党校校长

延安，宝塔山高，延河水长，这时已经成为中共中央的所在地。1939年10月，正是秋风送爽的季节，邓发奉中共中央命令，回到了朝思暮想的延安。11月，接替陈云担任中共中央党校校长，邓发走向了又一个全新的、更加充满挑战的领导岗位。

在党校工作期间，邓发一直住在学校，不论是教学工作、思想政治工作，还是后勤工作，事无巨细，邓发都事必躬亲。他毫无领导架子，与教职员工打成一片。他到班上同学员一起研究学习计划，检查学习计划的落实情况。他特别关心少数民族学员，检查他们的学习笔记。他给学员讲授全部的党建课程，一周一次，全校在大礼堂听，讲一次讨论一次。由于教学深入浅出、材料丰富、实例生动，深受学员们欢迎。他给学员做思想工作，道理朴实，循循善诱。一天晚上，邓发与学员李培基顺着延河边走边谈。邓发深有感触地说："每一个人一定要学会一样拿得出手的本领，才不会碰钉子。"李培基点点头说："邓校长，你说得对！"接着，邓发又语重心长地说："只凭自己的革命历史在革命队伍里混，而不学习，就会做时代的尾巴。只凭自己的忠实可靠并不能代替工作，多学一点东西才能使自己在革命事业上多做一点事。"邓发的一席话，深深拨动着李培基的心扉，牢牢印在他的脑海里。

邓发是一位性格坚强的领导者，对敌凌厉出手，敢斗能胜；对同志热心似火，柔情以待。任校长期间，邓发当"红娘"牵线邓小平和卓琳的婚事，成为一段佳话。1939 年，邓小平和卓琳的婚礼在杨家岭毛泽东住的窑洞前举行。同时举行婚礼的还有中央军委总政治部组织部部长孔原和许明。毛泽东、张闻天、李富春等领导都参加了他们的婚礼。

邓发在中央党校工作时，从不因为担任繁重的领导工作，而放松对自己的要求。他处处以身作则，坚持我党密切联系群众的作风。他对学员生活关怀备至，常常过问伙食，与有关同志研究搞好蔬菜生产，扩大养猪规模，改善学员的生活。他平易近人，学员喜欢和他谈心，他也最能理解别人的困难和要求。他经常勉励青年学员，向他们讲述革命伟人的事迹。他常在晚上找炊事员、勤杂员谈心，征求他们对党校工作的意见，过问他们的生活，工人都亲切称他为"邓大哥"。他还带领学员参加大生产运动。党校修建大礼堂，他同学员一起搬运砖料。他日日夜夜忙着工作，仿佛从不感到疲惫。有一次，邓发同中央领导同志一起研究工作，整整两天没有睡觉。按照教学计划由他给学员们上大课。怎么办呢？学员希望他好好休息，教务处同意把课程改动。可是，在将要上课前一刻，邓发回到党校，坚持不能因为他一个人的休息而影响了 1000 多人的学习，照常上课。

由于邓发是中国工人运动的领袖人物，他在任职中央党校校长的同时，1940 年年初还兼任中共中央职工运动委员会书记。在职工运动委员会任职期间，他在党中央的直接领导下，进行深入细致的调查研究，总结抗战以来各地区职工运动的经验，密切结合抗战时期职工运动的实际，坚决贯彻以生产为中心的工会工作方针，组织制定正确的劳动政策，纠正了某些狭隘的行会主义与经济主义的残余思想，加强了党对职工运动的领导。

邓发一到岗，就着手主持创办《中国工人》月刊。1940年1月，邓发和职工运动委员会副书记张浩在延安主持召开筹备出版《中国工人》座谈会，发起成立《中国工人》筹备委员会。邓发、张浩、赵平、陈希文被推举为编辑委员，开始进行编辑准备工作。会上确定《中国工人》的任务是：宣扬中国工人参加抗战救国工作的成绩，提供全国职工运动的意见，介绍职工运动理论与工作经验，报道各地工会活动与工人生活状况等。1月25日，邓发为《中国工人》创刊号题词："中国工人阶级只有在中国共产党领导之下一致团结起来，才能完成其在民族解放与社会解放的先锋任务。"这是对《中国工人》出版的宗旨和在抗日战争时期中国工人阶级总任务的高度概括。

在二七大罢工17周年纪念当日，《中国工人》创刊号出版了。中共中央对此十分重视，毛泽东撰写了《发刊词》，指出："《中国工人》应该成为教育工人、训练工人干部的学校"。同时，要求编辑人员和读者共同负起责任，一定把它办好。

工厂的工人群众把《中国工人》看作工人阶级的喉舌，纷纷组织通信网、读者会，主动捐款募集资金，支持它的出版。

为了把刊物办好，邓发非常关心编辑出版工作，注重稿件的政治意义，反对夸夸其谈、现象罗列；主张真实朴素，每一句话都要说明问题。每一期发稿，不论是干部还是工人的文章，他都逐字逐句批改，认真负责，一丝不苟。他还为该刊写文章，总结职工运动的经验，指导工会工作，教育和发动工人为"民族解放"和"社会解放"而斗争。在邓发的领导下，《中国工人》成为中共中央倾听工人呼声和指导职工运动的桥梁，成为团结教育工人和统一中国工人运动的有力武器。

在整风运动中，根据党中央的决定，中央党

校进行了改组，毛泽东任党校校长，邓发改任副校长。1942年2月1日，毛泽东在中央党校开学典礼大会上，作了《整顿学风党风文风》的报告。毛泽东指出："反对主观主义以整顿学风，反对宗派主义以整顿党风，反对党八股以整顿文风，这就是我们的任务。"后来，这个报告编入《毛泽东选集》时，题目改为了《整顿党的作风》。

邓发在会上报告中央党校筹备经过、教育计划和学习方法，他指出，坚持理论与实践相统一，克服教育中的教条主义与主观主义，力求从实际出发，是中央党校教育的新方针。自此，中央党校的整风运动就开始了。

邓发认真贯彻党中央和毛泽东的指示，常以自己的经历，深刻地讲述工农分子与知识分子结合的必要性，他说："我过去虽然做过一些工作，但对于理论的学习，如果没有革命的知识分子，把马列主义书籍翻译过来，我就不可能有今天的了解程度。而革命的知识分子，仅有理论上的知识，却不吸收工农分子的经验，那么，他也将是一个教条主义者。"

工运领袖

邓发在职工运动委员会任职期间，十分重视发动工人群众为实现党的每个时期中心任务而斗争，把职工运动的进程纳入党中央的全局战略部署。

抗日战争进入相持阶段后，1939年冬到1940年春，国民党顽固派对共产党的政治压迫和军事进攻达到了高潮，这是一方面。另一方面，在1939年9月，第一届第四次国民参政会上，国民党被迫接受了中国共产党和各党派民主人士的提议，通过了由国民党政府明令定期召集国民大会实行宪政的决议。同年11月，国民党的五届六中全会又宣布于1940年11月12日召集国民大会。国民党借此大造舆论，而事实上却不承认很多抗日党派和团体为合法组织。为此，我党坚决揭露蒋介石所谓实行宪政的欺骗宣传，把宪政宣传夺取过来，变为启发人民觉悟，向国民党蒋介石要求民主自由的武器。中国共产党的国民参政员毛泽东、吴玉章、林伯渠等发起组织延安各界宪政促进会，延安党、政、军、民、学各机关、团体、学校纷纷响应，先后成立延安各界宪政促进分会，掀起了一个群众性的宪政运动。这时，延安边区的职工运动，在邓发的领导下，也紧紧围绕这一中心任务而进行活动。

1940 年 2 月 20 日，延安各界宪政促进会成立。吴玉章当选为会长，邓发当选为理事。陕甘宁边区工人推举邓发为工人宪政促进会筹备委员。

为了推动宪政运动的发展，邓发写了《中国工人与宪政》一文，分别在《中国工人》、《解放》周刊和《新中华报》上发表，号召一切从事职工运动的人士及工人群众，把有关国家前途和个人命运的宪政运动列入当时斗争的重要议事日程。他指出，促进宪政运动，实际上就是为民主自由而斗争，亦即为争取抗战胜利和争取工人切身利益而斗争，这是全国工人当前的一个重大任务。

抗日战争初期，解放区职工运动是我党工作

的薄弱环节。不少工运干部由于没有充分认识新民主主义政权下工运的特点，对农村和战争环境的特殊情形、对发展生产和改善工人生活的辩证关系认识不清。曾出现过片面强调改善工人生活，不管工厂生产的情况，没有把保证生产看作工会工作的中心任务，在处理劳资纠纷时，只单方面地保护工人，对雇主利益则照顾不够，致使工人出现就业困难。

为了贯彻以生产为中心的工会工作方针，使解放区职工运动沿着正确的方向前进，邓发认真地研究了解放区职工运动的特点，于1940年夏至1941年春，先后发表了《论抗战中的民生问题》《论抗日根据地职工会的基本任务》《中国工人阶级当前的任务》等文，深刻地论述了抗战、生产、生活的辩证关系。他一再指出：职工会应广泛地动员工人武装参战，动员工人到军队、游击队中去，扩大和巩固抗日军队；应发动工人积极参加有利于抗战的生产，创造和表扬生产模范；应发扬工人的劳动热忱，领导提高劳动生产率运动，以达到自给自足的目的。

邓发认为，要发展根据地的生产，必须制定正确的劳动政策。他于 1940 年冬在边区产业工会作了关于《新民主主义政权下的劳动政策及工会工作方向》的报告，并发表了《论抗日根据地的劳动政策》的文章，他批判了各抗日根据地在实行党的劳动政策中所产生的"左"与右的错误倾向，提出了在新民主主义的国家形式和抗日民族统一战线条件下制定劳动政策的四项原则：第一，党的劳动政策，应当从政治、经济、文化各方面提高工人阶级的地位，关怀工人日常生活待遇、劳动条件的改善，使他们能积极参加解放区的政权、经济等各方面的建设，同时应照顾到统一战线中各阶级的利益，以便团结各阶级阶层共同抗日，孤立日寇、汉奸。第二，必须根据当时当地的生活水平，根据需要与可能，去适当改善工人的生活。第三，工资的增加、工人待遇的改善和工时的规定，必须以发展根据地工农商业，增加生产，适合战时需要为出发点，应使劳动政策适合于坚持长期抗战的方针。第四，必须建立并巩固工人和抗日民主政府及其军队的血肉联系。

经过邓发一系列的工作，以及其他同志的努力，以生产为中心的工会工作方针逐步为广大工运干部和工人群众所明确。1941年4月下旬，陕甘宁边区总工会召开了第四次执行委员会扩大会议，在这个会议上，已经明确认识到"领导工人努力生产，成为第一等重要的实际巩固边区的工作"。

1941年，邓发对全国不同类型地区的工人阶级的状况和职工运动的经验，又进行了深入的调查研究，为全国职工运动的开展，为统一全国的工人组织提供指导性的意见。他在延安中央党校职工班讲授的"抗战中的职工运动"课程，他的《战后敌后工业与工人的变动》讲演稿，以及他同李颉伯合作撰写的《抗战三年来的华北职工运动》一文，对不同地区职工运动的基本方针、任务和具体策略作了明确的阐述。

1941年至1942年，是抗日战争最艰苦的时期，解放区在经济上和财政上存在严重困难，毛泽东提出了"发展经济，保障供给"的方针和"自己动手，丰衣足食"的口号，各解放区军民开展大生产运动。邓发遵照党中央的指示精神，积极努力争取边区工业品的自给，领导和推动了工业建设上的群众运动。

1942年，为了使工业建设上的群众运动进一步开展起来，邓发和李颉伯等工运干部，深入工厂，同工厂的干部和工人群众一起研究情况，帮助他们开展劳动竞赛。他抓了农具厂和中央印刷厂两个典型。在农具厂调查处理坏人煽动工人罢工停产的事件时，他发现了赵占魁这个解放区先进工人的典型。赵占魁在边区农具厂翻砂股当看炉工人，他爱厂如家，在2000摄氏度高温的熔炉旁边，勤勤恳恳地劳动，数年如一日。赵占魁还担任工会委员、伙食委员，大公无私，舍己为人，埋头苦干，始终如一，深受工人群众的爱戴。邓发找赵占魁谈话，细心地研究了赵占魁的优良品质，加以总结，先在农具厂和中央印刷厂，然后在全边区和各敌后抗日根据地加以推广。从1942年9月7日到14日，在一周左右的时间里，《解放日报》连续发表了《人们在谈论着赵占魁》《农具工厂号召学习模范工人赵占魁》《赵占魁同

志》的报道和《向模范工人赵占魁学习》的社论。边区一些工厂工人积极响应，他们提出了"向赵占魁看齐"的口号。这样，学习赵占魁运动就发动起来了。10月，为了配合整风学习，陕甘宁边区总工会发出了开展赵占魁运动的通知。12月，陕甘宁边区总工会提出开展赵占魁运动的总目的，是推动生产，教育工人。要求各工厂工会以此作为中心任务，并根据赵占魁的工作作风，提出了7条模范工人的标准，作为开展赵占魁运动中每个职工的奋斗目标。12月，毛泽东在西北局召开的陕甘宁边区高干会上，作了《经济问题与财政问题》的报告，指出："应改善职工会的工作，发展赵占魁运动于各厂"。对赵占魁运动予以肯定和提倡。

在邓发的组织和指导下，赵占魁运动发展成为工业战线上气势磅礴的群众运动。到1943年年底召开陕甘宁边区第一届劳动英雄代表大会时，全边区所有公营工厂都参加了这个运动，报名参加赵占魁运动的职工有1004人。个人与个人、组与组、股与股、厂与厂都开展了劳动竞赛，大大提高了劳动生产率。1943年各厂的生产量平均超过30%至50%，个别工厂达到150%。赵占魁所在的农具厂，则比1940年增产100%。职工会的工作也在运动中健全起来，边区工业建设和职工运动的面貌为之一新。在陕甘宁边区的带动下，晋冀鲁豫解放区发动了甄荣典运动，晋绥解放区开展了张秋凤运动，使赵占魁运动普及各敌后抗日根据地，使各根据地工业生产的水平不断提高，从而克服了战时处于重重封锁的各种困难，在经济上支持了长期艰苦的抗日战争。

邓发发动和组织的赵占魁运动，是我国职工运动史上一个伟大的创举，是我党卓有成效地领导工业建设群众运动的开端，从1942年至解放战争胜利，这个运动持续了六七年之久。在这个运动中，边区工人阶级以极其艰苦卓绝的忘我劳动，推动了各抗日根据地工业建设的发展，在经济上支持了长期作战，为党赢得抗日战争和解放战争的胜利，作出了巨大的贡献。赵占魁运动还培养了工人阶级的一代新人，各个工业部门产生了一批像赵占魁那样的劳动英雄，不少人当时就当了厂长，他们成为当时和新中国成立后工业建设中的骨干力量。

1943 年到 1945 年，邓发又兼任中央民运工作委员会书记，代表党中央领导工、青、妇各部门的工作。他对妇女和青年工作非常关心，经常参加他们的活动。1944 年，邓发在延安市南北区机关妇女纪念三八节的集会上讲话，号召妇女干部要努力生产，人人学会管理国家的本领，并指出这是妇女解放的必由之路。1943 年 9 月，邓发写了《谁爱护青年、谁戕害青年》一文，揭露了国民党残害青年的罪行。解放区的妇女运动和青年运动，在邓发的指导下，得到了很大的发展，并于 1945 年发起筹备建立各解放区统一的青年组织和妇女组织。

国际舞台显风采

曲折斗争

　　1944年，第二次世界大战临近结束，美、英、法、苏等国在伦敦召开反抗法西斯职工联合会。会上，决定召开世界职工代表大会，把世界各国进步的、保守的、中间的工会组织都吸收入会，以扩大反法西斯力量。

　　世界职工代表大会筹备会决定于1945年9月在巴黎召开世界职工代表大会，要求各国派出统一的工会组织代表参加。那时，中国没有统一的全国性工会组织，解放区有工会，国民党统治区有朱学范领导的中国劳动协会。中国劳动协会于1935年成立，朱学范作为劳协领导人之一，自觉自愿地接近中国共产党。他坚持国共合作的工人运动方向，促成了 1938 年有陕甘宁边区总工会代表参加的中国劳协第二届年会，奠定了国统区工会同抗日民主根据地工会团结抗日的初步基础。1939 年朱学范当选中国劳动协会理事长。为了使中国能参加世界职工代表大会这个国际性会议，促进中国工人组织的统一，扩大我党领导的解放区工人运动的影响，推动国民党统治区由朱学范领导的中国劳动协会的进步，我党同意解放区工会以团体名义加入中国劳动协会组织。

1945 年 2 月 10 日，陕甘宁边区总工会发起组织中国解放区职工联合会筹备会，晋察冀、晋绥、山东等解放区工会纷纷表示响应。4 月 22 日，各解放区工会派代表集会于延安，成立解放区职工联合会筹备会，推选邓发为筹备会主任，崔田夫为副主任，李颉伯、陈郁等为委员。筹备会成立后的一件大事，就是争取派遣解放区的职工代表参加即将在巴黎召开的世界职工代表大会的活动。

1945 年 4 月 23 日至 6 月 11 日，邓发出

席了中国共产党第七次全国代表大会，聆听了毛泽东、朱德、刘少奇、周恩来等作的报告，他看到全党在马克思列宁主义、毛泽东思想指导下，实现了政治上、组织上的空前大团结，为夺取抗日战争全面胜利提供了可靠保证。

这一年的国际劳动节，延安各界代表1000多人在陕甘宁边区参议院大礼堂召开会议，邓发作为大会主席团成员在会上讲话，指出：中国工人阶级的力量在抗日战争中日益壮大，目前解放区有组织的职工共80万人，他们在中国共产党的领导下，成为支援抗日战争的坚强力量。解放区职工联合会的成立，可以统一组织，交流经验，以便更加巩固和壮大工会组织。6月20日，邓发主持中国解放区职工联合会筹委会召开会议，制定解放区职工运动的纲领和职工联合会章程，并推举董必武、陈郁、邓发等代表中国解放区职工出席在巴黎召开的世界职工代表大会。

6月22日，邓发以中国解放区职工联合会筹备主任名义致电世界职工代表大会筹备会。电文如下：

巴黎世界职工代表大会筹备会：

今年二月六日在伦敦召开之世界职工大会，曾蒙允许中国解放区八十万职工派遣自己的代表出席大会，远道闻之，至为兴奋。但不幸国民党政府外交部及社会部竟不理贵会之邀请，拒绝发给出国代表护照，致本会代表不能前往出席，实深遗憾。现中国解放区八十万职工正在筹备成立自己的职工联合会，以便加强统一中国各解放区抗日民主的职工运动。我们欣闻贵会将于今年九月在巴黎召开世界职工代表大会。我们衷心地拥护此种国际团结的大会，并决定派遣自己的代表董必武、陈郁、邓发、章汉夫4人前往参加。如蒙赞同，请直电复。董必武、章汉夫两人将由美国转往巴黎前来接洽，至请接待为盼。谨致兄弟的敬礼！

中国解放区职工联合会筹备会主任邓发于延安。

同一天，邓发又致电中国劳动协会，电文如下：

中国劳动协会朱学范先生：

今年二月六日在伦敦召开之世界职工代表大会，赖先生之助，曾允许中国解放区职工会得派自己代表前往出席该会，远道闻之，无任欣慰。但不幸竟受当局阻挠，不发护照，致代表不能成行，解放区八十万职工闻之，同深愤慨。现世界职工大会又将于今年九月在巴黎集会，中国解放区职工联合会筹备会决定派遣自己的代表董必武、陈郁、邓发、章汉夫4人出席参加，并愿意与中国劳动协会代表合作。本会除致电世界职工大会筹备会接洽外，特告先生，深望多加赞助为祷。谨致革命敬礼!

中国解放区职工联合会筹备会主任邓发于延安。

邓发的这两篇电文，揭露了国民党反动派阻挠和破坏中国解放区广大职工运动的行径，促进了解放区职工同国统区职工、世界职工的团结。

1945年8月，当朱学范通过王若飞把世界职工代表大会给中国劳动协会请派代表出席大会的通知转告周恩来时，周恩来对此事非常重视，亲自给予指导，他立即同意解放区工会代表同中国劳动协会代表一起出席巴黎大会，并于9月9日给朱学范写了亲笔信，指出："中国解放区职工联合会筹备会颇愿以团体会员资格加入劳动协会，……同时，该筹备会及陕甘宁边区职工联合会亦愿以其所推定出席巴黎世界职工大会之代表董必武、邓发、章汉夫三人参加中国劳动协会代表团，使之成为中国统一的职工代表团……"经我党的努力，中国劳动协会朱学范同国民党社会部、组织部的据理力争，国民党当局也迫于当时国内外要求和平和民主的压力，最后只得同意邓发作为中国劳动协会代表团的成员，参加巴黎的世界职工代表大会。

巴黎参会

1945年9月11日，邓发肩负党和解放区

80 万职工的重托，告别了生活战斗多年的延安，并与爱子邓北生在机场留影后，乘飞机前往重庆转赴巴黎。

邓发到达重庆后，朱学范已经从上海坐飞机赴巴黎。邓发不懂英语、法语，独自一人到欧洲去，既无助手，又无翻译，言语不通，同志们都替他担心。然而，他有大无畏精神，他要把解放区 80 万职工，中国几百万工人的呼声带到全世界去。他乘飞机从中国到意大利的航程中，没有讲过一句话。在西西里岛，他欣赏了地中海的美丽风光和异国风情。在岛上的旅馆里，他遇到一个懂俄语的服务员，经咨询才知道已经到达西西里岛。随后，他乘飞机先到伦敦，独自提着大皮箱跑到中国驻英国大使馆。大使馆的服务员看见他只有一个人，不像是由中国来参加世界性会议的"大员"前呼后拥的，就不领他去见大使。邓发耐心地同服务员讲道理，苦苦地等待大使出来接见他。他已经整整一天没有吃饭了，又饿着肚子等了几个小时，大使才出来，把护照送上，作自我介绍，才受到大使的接待。大使表示万分抱歉，

但邓发毫不计较这些。这件事曾引起一时的震动，大家纷纷称赞说："中国共产党的干部就是不一般。"

9月25日，邓发从伦敦到达巴黎，出席世界职工代表大会。邓发是第一个出席世界性会议的中国解放区职工代表，各国代表都想听一听来自中国共产党领导的解放区工会代表的主张，都想了解解放区职工的斗争和生活情况。邓发代表中国劳动协会在大会上作了发言，他说，中国人民还没有独立，中国解放区的职工应该促进全国工人阶级的大团结。为此，他代表中国工人阶级提出了"八项政治主张"：一是必须建立一个和平、团结、民主的新中国；二是惩办汉奸卖国贼，解散一切伪军，并没收其财产；一切敌伪制造的职工会，必须解散；三是立刻实行人民集会、结社、言论、出版、新闻自由，依照工人要求及自由意志来组织工会；四是限制过长的工作时间，由于中国的特殊情况，应实行每周48小时工作制；五是改变陈腐的学徒制，应根据学徒掌握技术的程度提升为工人，并领取与工人同等的工资，对于女工，应实行同工同酬；六是工人应有权过问和参加国家的政治活动，以改变工人的无权地位；七是实行工人免费教育，消灭工人的文盲状态；八是中国战后应发展工业，并应有职工参加。

在全世界工人阶级面前，邓发提出了第二次世界大战后中国工会工作的纲领，表达了团结一致的中国工人阶级要求改变自己地位和争取工会权利的坚强意志，得到了各国工会代表的热烈支持，提高了中国工人阶级在国际上的地位，扩大了中国共产党的国际影响。邓发的发言语气坚定，给与会的代表以很大的鼓舞。会上，他还报告了中国解放区工人运动概况，指出解放区的工人有民主、自由、生活幸福，他还代表国民党统治区工人控诉反动派残酷剥削、压迫工人。他还说，在世界职工代表大会的总目标和原则下，准备在中国组织总工会，以工人的坚决斗争，来打开民主之门。中国工人，将为争取民主永远奋斗！

邓发在大会发言后的第二天给朱学范写了一封信，信的全文如下：

学范先生勋鉴：

此次赖先生积极的赞助，和我们之间的诚恳合作精神，使中国组织了统一的代表团出席这次世界职工大会，这不仅是形式上向各国工人表示我们之间的团结，而且由此而奠定了中国职工团结统一的基础。这是值得我们庆幸的。我们为表示中国职工团结统一起见，中国劳动协会向大会报告之会员人数，弟意应包括所有解放区职工会之会员人数，较为妥当，虽然除陕甘宁边区总工会之外，其他解放区工会尚未正式参加劳动协会，但先生既同意弟在大会发言之主张，故各解放区职工会决意加入中国劳动协会。因此希望各解放区职工会之会员数目作为中国已有之职工组织呈报大会为荷。匆此

　　谨致

　敬礼

　　　　　　　　　　弟　邓发

　　　　　　　　　　十月五日

后来，朱学范在评价周恩来9月9日的信和

邓发 10 月 5 日的信时说，这是中国工人运动史上具有重要意义的文献，它宣告了国民党反动派分裂中国工人运动的阴谋彻底破产，它宣告了以解放区工会为主体的中国工会统一团结的斗争胜利。同时，也为国际工人运动的统一团结和扩大加强作出了贡献。

在巴黎期间，邓发还就中国解放区工人运动的情况写下了《解放区职工会》一文，菲律宾英文版《新中国评论》半月刊将其译成英文发表了。

10 月 13 日，世界职工代表大会成立了世界职工联合会，选举了理事和委员。邓发当选为世界职工联合会理事会理事和执行委员会委员。世界职工联合会以苏联、中国等国的执行委员为核心，邓发成为世界工人运动的领袖之一。

友好访问

在巴黎期间，邓发广泛地宣传了党的七大制

定的打败日本侵略者，建立新中国的路线和党的"和平、民主、团结"三大口号。他接见中外记者，在和记者约兰谈话中，讲述中国工农红军长征的故事。他对约兰说："从此，我没有对任何事情有过畏惧，一个等于死而复生的人，还怕什么？可是，这种苦你可受不了，我们希望今后永远不再有人受这种苦了。"他对中国的新闻记者说：对于内战，"打不得，老百姓受不起了，我们总是委曲求全地希望内战停下来，自己人有什么不好商量呢？"对于政治协商会议，他认为"顾全国家的地位和人民生活是不容失败的"。邓发坦率、爽直的谈话，赢得了记者们的赞赏。

在巴黎期间，邓发跑遍了所有的博物馆，仔细参观、研究法国的革命历史，欣赏法国音乐、戏剧和名画等文化艺术。他会见了绘画大师毕加索，为了表达对延安的敬仰之情，毕加索把一幅油画托邓发送给毛泽东。为不负毕加索所托，他将油画精心包裹，形影不离。后因飞机失事，油画被烧毁，实在遗憾！他高度赞扬法国工人为争取自由、独立的革命精神。他所到之处无不谈及中国的、法国的和世界的工人为和平解放所进行的各种斗争，深受法国朋友们的欢迎。

会后，邓发访问了英国著名工业城市——利物浦。在那里，他见到了十几年前共同战斗过的海员工人，并向中国工人作了讲演。他还参加了英国共产党代表大会，在会上发表了演说，向英国工人介绍了解放区工会组织的情况。他说，中国解放区的工人群众选举自己的领导，开展社会活动，解放区是"新的民主的中国"。他又说："中国共产党要结束中国的封建时代，以及寄生在这种基础上的独裁、官僚政治。""今天，中国共产党要求停止进攻民主解放区的内战，停止外国人干涉中国内政"，要求一个"民选的"、"包括共产党在内的"、由"各党各派组成的"联合政府。接着，他又说，中国共产党的这一主张，得到了广泛的支持，中国第三大党——民主同盟支持这个主张。可是，"国民党少数反动派反对这些要求，这些人惧怕并憎恨一个民主的中国，以致他们宁愿把中国拖入内战也不让她诞生……"他的讲演，宣传了我党在战后的方针，有力地揭露了国民党反动派的内战阴谋。

在归国途中，他又访问了瑞士、意大利、埃及、印度、菲律宾等国。在途经马尼拉时，邓发到菲岛访问华侨工人，走访了华侨导报社，受到他们的热烈欢迎。

巴黎世界职工代表大会，是第二次世界大战结束后不久召开的一次国际性的会议。这次会议是在艰苦的条件下举办的。当时，由于战争的破坏，欧洲经济萧条，各国人民生活十分困难。正如邓发目睹的那样："战争给欧洲人民带来的是无数的灾难……尤其从法西斯统治下解放出来的国家什么都被抢劫一空，那里的人民吃不到肉类，吃不到糖，把麦子炒过后当咖啡，白开水当红茶。我住在英国，差不多天天吃南瓜、洋芋和两块香烟盒大的面包，在法国我们吃像纸一样的香肠，在南斯拉夫则没有一个城市不被破坏，每一个城市都常常停电，火柴简直不容易买到。"尽管生活环境极其艰苦，邓发为了向世界介绍中国工人阶级的苦难和英勇斗争，促进中国职工运动的团结统一，把中国职工运动和国际职工运动联系起来，宣传我党的主张，他不怕苦不怕累，以极大的干劲积极开展工作。

抵达重庆

1946 年 1 月 23 日，邓发同一起参加巴黎会议的中国劳动协会理事长朱学范由马尼拉飞抵上海。

在上海，邓发停留了 3 天，积极地宣传巴黎世界职工代表大会的精神，努力促进中国工人阶级组织的统一。在短短的 3 天里，他把日程排得满满的，参观了上海邮政局，接见了记者，发表了谈话，还探望了亲密战友廖梦醒。廖梦醒，广东惠州人，是廖仲恺、何香凝的长女，1931 年加入中国共产党，抗战时参加中国妇女抗敌后援会及保卫中国同盟，任宋庆龄秘书，负责宋庆龄与中共方面周恩来的联络工作。

邓发是抗日战争胜利后，第一个公开到上海

的解放区职工运动的领导人。

当时上海工潮汹涌，据不完全统计，1946 年
1 月 1 日至 28 日，共有 73 个企业单位或同业组
合发生罢工斗争，参加罢工的人数在 10 万人以
上。邓发的到来，给正在与国民党反动派进行英
勇斗争的上海工人以极大的鼓舞，受到上海工人
的热烈欢迎。

24 日，邓发参观访问了上海邮政局，当地
报纸迅即作了报道："邓发——这个响得震耳的被
崇敬的名字，吸引了邮局职工。"当有人说"邓发
来了"的时候，他们一口气跑完了 4 层楼梯，把
工会办公室围得水泄不通。当他们看到"中等的
身材，挺拔坚实，穿着半截的皮领大衣，黑黝而
英俊的脸上配着一双炯炯发亮的眼睛，完全是一
个工人，一个出众的可亲的工人代表"的时候，
"千百人争着看邓发，和他握手，行注目礼，引以
为荣"。邓发对邮局职工们的辛勤劳动表示尊敬，
对其工作生活表示热情关注，使邮局职工们感到
温暖。他们深有感触地说："今天是 18 年来从未
有过的好日子，给邮工带来了新的希望，象征着

一个新的时代的开始。"有的邮工说："以后如有机会，一定找他谈谈，诉诉心头的苦痛。"

25日，邓发接见了来访的工人期刊《生活知识》杂志的记者，并发表了谈话。他充分评价了巴黎世界职工代表大会的国际意义和中国工人阶级团结的意义。他说："这次大会各国参加劳工总数达6000万人，与过去国际工会联合会不同的是苏联2700万劳工也加入了。这次大会最重要的成就，是全世界职工联合起来，参加世界的和平机构，以防止第三次世界大战的发生，维持国际和平。在大会中与朱学范保持密切的合作，提案与会场发言，事前都经过双方商讨和同意，希望中国职工以此为契机实行民主统一化的大团结。"他又就战后形势、国内政治前途的发展、职工运动等问题发表了自己的看法，他对记者说："欧洲国家在战争中损失也很严重，战后社会情景很是萧条，因此一般人民对战争都很厌恶，大家希望和平，尽力避免今后再发生战争，这也可以说是目前世界的大势。"在谈到国内问题时，邓发说："我们所需要的是'和平'、'民主'，'非和平不能建国'，'非民主不能团结'……目前虽还有逆流阻碍，不肯进步，但历史的方向不是少数人把持得了的，中国一定会走上民主团结的道路。"邓发向记者询问了最近上海劳工生活及工运的情况，对工人运动深表关心，并发表了自己的意见。他说："工人应有组织工会的自由，罢工的自由，工会是工人自己的，工会职员应由工人用民主方法选举，工人内部应不分党派、宗教、信仰，大家团结起来，组织全国性的总工会。"在谈话时，有一位记者告诉他，国民党想把一切工潮的责任推到共产党身上，他说："所有大小工潮都是共产党一手制造的。"记者的话还没说完，邓发就抢着说："这是国民党反动分子一贯的政策，把一切功劳都挂在嘴边，把一切坏事都推给共产党！"这一针见血地揭穿了国民党的无端侮蔑。他中肯地回答了记者提出的对上海工潮的看法，说："工人罢工是不得已的事，资本家不过分剥削，职工生活能够维持过去，又何必罢工呢？"邓发这番谈话，给记者以深刻的印象。后来记者是这样描述的："饱经风霜的坚实的形貌，两眼发出炯炯的光芒，在他身上，你可以感受到农民的朴实、工人的直爽、政治家的锐敏老练，三者融合在一起的气质。他的讲话简短而有力，对于问题的答复和解释，非常确切和明快，丝毫没有犹豫含糊或客套的辞令。"

1946年1月26日，邓发同朱学范离开上海，同机飞抵重庆。

邓发回到重庆后，旺盛的革命斗志一如既往，积极参加各种活动。他住在红岩村，书写出席世界职工代表大会的汇报。他热情地向同志们介绍大会的情况和访问各地的见闻，往往谈至深夜，同志们还不肯离去。

为了进一步统一中国的工人组织和推动中国工运的发展，邓发协助朱学范进行了大量工作。1月30日，由中国劳动协会通过，并于2月1日发表了在邓发提出的"八项政治主张"基础上拟定的《中国劳动协会对当前政治的要求和主张》。

在这期间，邓发还书写家信，畅述革命情怀。1月下旬，他给堂弟邓碧群写信，说："我虽未死于战场，但头发已斑白了，但我比起遭难的同胞，战场牺牲的英雄，不但算不得什么，而且感到惭愧！国家所受破坏是惨重的，人民的牺牲，房舍的被蹂躏，这一切固然付出了巨大的代价，然中华民族不但在东方而且在全世界站立起来了。倘若国内和平建设十年八年，中国就会成为头等强国，人民生活水平将大大提高。"2月9日，他又给爱人陈慧清写信说："我回国后一切都很好，只是在欧洲因无东西吃，稍比以前瘦了些。……到欧洲去洋相倒没出，只是吃了一点苦而已，但我们的收获却很大，所以吃了一点苦头，我还是很愉快。"在这些家信中，表露了邓发为国家、为人民、为革命的利益，不怕吃苦，以苦为乐的革命乐观主义精神。

2月10日，重庆市各界召开政协闭幕的庆祝会，国民党特务制造了校场口事件，大会主席郭沫若、民主人士李公朴及中国劳动协会的爱国民主人士等60多人被打伤。邓发对国民党反动派破坏政协会议异常愤慨，随即于当天下午赶到医院，慰问郭沫若等受伤同志。

邓发的兴趣爱好广泛，他既是个革命战士，

又是世界艺术名著的收藏者。4月7日，在离开重庆的前一天，邓发同王炳南等相聚一起，他兴致勃勃地请大家欣赏他从国外带回来的名画和纪念品。他还风趣地说："要开一次展览会"，让更多的同志和朋友看到这些艺术珍品。

英雄殉难

1946年春的山城重庆，工人们热情似火，使邓发难以忘却！

他远渡巴黎刚回国不久，初夏又要准备去莫斯科出席世界职工联合会理事会及执行委员会会议。为此，他决定先回延安向解放区职工联合会筹备会作汇报，并向中共中央报告这次出国到巴黎的情况及请示下一步工作。

4月8日早晨，天气十分凉爽，邓发乘车到达白市驿机场，搭乘周恩来通过军事调处执行部安排的一架美国空军C47型运输机返回延安。飞机8时45分起飞，离开了山城重庆。

与邓发同行的还有王若飞、秦邦宪（博古）、叶挺，贵州教育界前辈、王若飞的舅父黄齐生及其孙子黄晓庄。叶挺的夫人李秀文，叶挺 11 岁的女儿叶扬眉、2 岁的幼子阿九，阿九的保姆也同机。王若飞、秦邦宪作为参加国共谈判和政协会议的中共代表，为争取和平民主，在重庆坚持斗争了几个月，由于蒋介石恣意破坏和谈成果，他们不得不返回延安，商讨对策。北伐名将、新四军军长叶挺被国民党反动派囚禁 5 年，4 月 8 日是叶挺重获自由的第 36 天，他乘机返回延安，回到党的怀抱。黄齐生先生专程从延安赶往重庆，慰问被国民党特务袭击而受伤的民主人士，现慰问活动结束，也同机返回延安。此外，还有随行人员第 18 集团军参谋李少华，副官魏万吉、赵登俊等同志，总共 13 人。

消息传到延安，延安沸腾起来！全休治病的毛泽东几经请求，得到医院方面的同意，来到机场欢迎这几位为党做了很多工作、经受了很多辛苦和磨难的同志。毛泽东来了！朱德、任弼时、林伯渠等领导也来了！陈慧清带着儿子邓北生，秦邦宪夫人张越霞和子女，叶挺的儿子叶正明、叶华明也来了！机关、部队、群众团体的代表也来了！这是延安举行的一次盛大的欢迎仪式。

由美国空军兰奇上尉等四人驾驶的C47型飞机，是沿着重庆经西安到延安这条航线飞的，飞机离开重庆不久便与驻延安的美军观察组电台进行了电讯联络。中午12时25分，飞机由中转站西安再次起飞，飞机直刺天穹，阴沉的天空下起了雨，离开西安市30分钟后，飞机再次与延安联络。之后，飞机就与地面失去了联系。

这天，延安的气温骤然下降，天低云暗，阴雨绵绵。会集到宝塔山下、延水河边简易机场的各界人士，怀着极大的热情，顶风冒雨盼着飞机的到来。

约14时，空中隐约传来飞机引擎的轰鸣声。然而，那高空的飞机声音响了不久，就由近向远，渐渐地连声音也听不到了。按照计算的时间，飞机应该到达了，可为什么迟迟不见飞机的出现呢？欢迎的人们开始从兴奋变为惊疑。陈慧清伫立在寒风细雨中，眼望阴沉的天空，心急如焚，她心里在想：也许飞机因为云雨弥漫，能见度低，不能着陆而被迫返航；也许是因为同样的原因，而迷失了降落的方向。其他的，她再也不敢往下想了。时间一分一秒地过去了，直到 16 时，主持人才宣布"各单位先回，查明情况后另行通知"。大家都离去了，陈慧清还站在原地等待着，直到工作人员上前来催促，她这才怀着迷惑不解和焦虑不安的心情离开。

原来，那架 C47 型飞机于 8 日下午在浓密的云层中越过延安地区，继续向北飞行了 250 公里，偏离了正确的航向，进入了山西兴县境内。当时该地上空也是阴云密布，山上飞雪，山下降雨。飞机在云层中摸索穿行时，突然与海拔 2000 余米的黑茶山侧峰巨石相撞，当即爆炸起火，跌落崖下，邓发等 17 人全部不幸遇难，酿成了机毁人亡的悲剧。

黑茶山周围，山高林密，方圆 15 公里内，杳无人烟。附近农民在这天下午听到了飞机声，但不知飞机失事。4 月 9 日，黑茶山的农民登山砍柴时，发现飞机残骸和死难者遗体，立即向兴县第四区报告，该区区委书记带领民兵赶到黑茶山，在残雪斑驳、充斥着焦糊味的事故现场发现一张写有王若飞等名字的乘机人名单。

这位区委书记深知事关重大，立即携带烈士名单和部分遗物，急行 40 公里，于当天深夜赶到兴县，向晋绥分局书记兼晋绥军区政治委员李井泉、分局社会部部长兼边区公安总局局长谭政文报告了这一紧急情况。

李井泉当即指定由谭政文率领公安总局一室主任金昭典、兴县地委组织部部长苗逢澍和一部分政法、医务人员，于 10 日早晨前往现场查证情况，他本人也偕同边区行署、兴县专署和所属各县的负责干部，在 10 日下午赶到了黑茶山。

谭政文率领专业人员，经过 10 日、11 日两天的紧张工作，运用技术手段，查明了飞机失事前的高度、航向、气候、能见度以及该机撞山、反弹、坠落、焚毁的各种失事细节，并从方圆几十米的灌木丛和残破的驾驶舱里将我方 13 名和美方 4 名殉难者的遗体全部搜集了起来。多数遗容呈现出惊讶神情，身上大都被高度烧伤。

他们赶拟了先是简报、后是详报的加急电报，11日夜里，发到了延安。中共中央获悉噩耗后，一面指示晋绥边区对所有遇难者的遗体做好妥善处置，为将其转移到延安做好准备，一面发布讣告，做好哀悼活动。

举国哀悼

1946年4月11日，中共中央委员会在广播电台和报纸上以极大的悲痛宣布了烈士遇难的消息，发布了讣告。谢觉哉在日记中这样写道：

中国共产党中央委员会以极大的悲痛宣布：中共中央委员王若飞同志、秦邦宪同志，中央中委职工委员会书记邓发同志，新四军军长叶挺同志、叶挺同志的夫人及男女公子二人，贵州老教育家黄齐生先生，十八集团军参谋李少华同志、彭踊左同志及随员魏万吉同志、赵登俊同志、高凉同志（女）等十三人，及美国驾驶员兰奇上尉、瓦伊斯上士、迈欧、马尔丁等四人，在本月八日乘美机由重庆飞延安途中，因飞机迷失道路，于下午二时左右在晋西北兴县东南八十里的黑茶山遇雾撞山焚毁，当即全部遇难。

英雄逝去，人民齐悲。陈慧清听到邓发遇难的噩耗，如晴天霹雳，眼前昏黑，悲痛万分。延安人民得知消息后，心里似乌云笼罩，他们怀着悲痛的心情，悼念在黑茶山遇难的烈士。

13日，以毛泽东为首，由朱德、刘少奇、任弼时等26名党内外著名人士组成的治丧委员会，在延安成立。委员会决定为"四八"烈士修建灵坛、墓地，隆重举行迎灵、殡葬仪式。又电告重庆南方局，要他们对烈士亲属来延奔丧做好安排。正在延安开会的陕甘宁边区参议会，也休会一天表示哀悼，并通令全区：悬半旗志哀3天，停止娱乐一个月。同时，《解放日报》发表了题为《痛悼死者》的社论，悼念中国人民解放事业的伟大战士。

黑茶山，一座揪人心痛、悲惨之山。在晋绥分局负责人李井泉的组织下，邓发等17位遇难者的遗体于13日黎明被移至庄上村一间古庙里。附近农民数千人络绎不绝前来吊唁，他们眼含泪水到灵堂吊祭牺牲者。经过一昼夜的忙碌，李井泉主持的送灵准备工作终于安排就绪。13日清晨，由兴县地区专员康世恩率领，由精壮民兵组成的送灵队伍，抬着13具死难烈士的遗体，在一片凄切的痛哭声中离开黑茶山，向着遥远的岚县机场进行长途转运。

沿途所到各地，村村搭起牌楼，处处焚香上供，当地群众跪拜痛哭，接替抬灵的民兵争先恐后。长长的送灵队伍，在晋绥边区人民沿路祭奠的悲痛气氛中，马不停蹄地日夜向前赶进。抬邓发烈士灵柩的是邮局工人李兆华，当别人要轮换替他抬棺时，他说："这是我们工人的领袖啊！我抬着一点不累。"

13日深夜，送灵队走进了回回山的险峻隘道。在两人不能并行的情况下，民兵们匍匐爬行，用他们宽厚的肩背托着担架通过险境。这些抗日骨干们说:"糟蹋我们家乡的日本鬼子,就是烈士们领导的队伍赶走的,现在他们为争取和平牺牲了,我们要把他们抬得稳稳的,好让他们长眠安息。"14日深夜,烈士灵柩被运到东村。邓发等烈士遗体随着迎灵的哀乐声,进入东南广场,安放在40条长凳上。悲壮沉重的喇叭声,震撼了大地,唤起了许多人的哀思。几百盏油灯,照着1000多个男女泪水滴流的面庞。人群向烈士们鞠躬行礼。

15日凌晨,送灵队到达岚县。在寒风中伫立等候的数千群众,把烈士遗体迎进场院,恭读祭文,举行哀悼祭奠。从黑茶山到岚县机场,1000余名兴岚两县的青年争相抬灵,几万群众昼夜迎送,在长达3昼夜、150余华里的行程里,他们用自己的泪水和汗水倾诉了对革命先烈的无限哀思。

18日,从岚县机场运载王若飞、秦邦宪、叶挺、邓发、黄齐生等烈士遗体的两架飞机,由晋绥分局谭政文等同志护送,于下午1时飞抵延安。朱德、刘少奇、任弼时、林伯渠等中央领导人,王若飞夫人李培之、秦邦宪夫人张越霞、邓发夫人陈慧清、黄齐生夫人王守瑜、叶挺的孩子叶正明、叶华明等烈士遗属，以及延安各界代表与群众 1 万余人，纷纷赶到机场接灵。两架飞机在哀乐声中徐徐着陆，延安党政军机关代表在一片哭泣声中，抬着烈士遗体移往灵堂。

长长的迎灵行列，在步伐严整、持枪行进的仪仗队护卫下，经由停机坪进至祭坛灵堂，朱德、刘少奇、任弼时、林伯渠等同志上前主持入殓。他们偕同烈士亲属，痛哭失声，情极悲切。烈士遗体装殓入棺后，万余参殓者向烈士遗体和遗像行礼告别。

悼念邓发的唁电，从国内外如雪片般飞向延安。世界职工大会总书记萨阳、菲律宾华侨劳工组织联合会、中国劳动协会分别发来唁电，表示哀悼与慰问。中共中原局、中共华东局、晋冀鲁豫中央局、晋察冀中央局、华中分局、晋绥分局、第 18 集团军驻重庆办事处、新四军等纷纷致唁电哀悼。陈毅得知噩耗后，对灯痴坐，彻夜未眠。在短短的 10 天中，《解放日报》所发

表的唁电、悼文、回忆邓发烈士的纪念文章不
下百篇。

隆重葬礼

4月19日，延安、重庆两地同时举行追悼大
会，公祭遇难烈士。

延安3万多人在东关飞机场隆重举行追悼大
会和葬礼。雄伟庄严的灵坛中央，悬挂着鲜红的
中国共产党党旗，坛前挂着"化悲痛为力量"的
匾额，两旁是中共中央的挽联"天下正多艰，赖
斗争前线，坚持民主，驱除反动，不屈不挠，惊
听凶音哀砥柱""党中留永痛，念人民事业，惟将
悲苦，化成力量，一心一德，誓争胜利慰英灵"。
在花圈挽联丛中，安放着烈士的灵柩，灵柩上方
摆放着栩栩如生的烈士遗像。广场周围挂满了缟
素挽联，播音机不停地播放着哀乐，民间吹鼓手
不断地吹奏着哀曲，气氛凝重悲壮。

中华先烈人物故事汇　邓　发

公祭主持人为朱德、刘少奇，陪祭人为陕甘宁边区政府主席林伯渠，五省联防司令贺龙，新四军副军长张云逸，山东省政府主席黎玉，晋冀鲁豫军区副政治委员薄一波，华中军区政治委员邓子恢，陕甘宁边区政府副主席李鼎铭，晋绥边区参议会副议长刘少白，晋察冀军区参谋长唐延杰，工人运动老前辈朱宝庭，中共中央妇委书记蔡畅等。

上午 10 时，哀乐响起，全体肃立默哀，鸣礼炮 24 响，山谷轰鸣。在一片呜咽啜泣声中，首先由烈士亲属依次登上祭坛，向灵前献花、献香、献爵；继而由陪祭人林伯渠报告烈士生平，主祭人朱德致祭词。朱德悲愤地说："王、秦、叶、邓、黄诸烈士为奔走和平民主而遇难，是党和人民无可比拟的极大损失，现在全党全军全解放区以及全国人民，都在为失去这些领袖人物而痛切哀悼，并以极大的决心继承烈士遗志，为国共谈判和政协会议三大协定的完全实现而奋斗。"

这时，接运美国 4 位机组成员遗体的两架飞机，在前往重庆途中飞临延安。这两架飞机在会场上空盘旋一周，向我方殉难者致哀。我方与会者也向空中招手，悼念兰奇上尉等4位殉难者。

接着，张云逸致辞，他特别说明："新四军将在毛主席和党中央的指示下，更加团结起来，打垮中国法西斯反动分子！"

朱宝庭含泪致辞："邓发同志是为了工人利益奔走而遇难，我们要继续奋斗，使他死后安心。"

中午12时，哀乐复起，套裹着红色呢毡的灵柩，依次移出祭坛，朱德、刘少奇等亲自执绋，率领长达五六里路的送葬队伍向陵园前进。行进一个半小时，送葬队伍到达"四八"烈士墓地，再发礼炮24响，在数万人的恸哭声中，烈士灵柩徐徐落下墓穴。治丧委员、各解放区代表和烈士家属轮流为每一位烈士奠土，许多人因无锹镐，以手拨土，此时墓地上空尘土弥漫。在哀乐声中，完成了极尽哀荣的葬仪。但前来悼念者不舍离去，或徘徊于墓间，或流连在毛泽东等领导的挽词之前：

为人民而死，虽死犹荣。

毛泽东　敬挽

为全国人民和平民主团结而牺牲。

朱　德　敬挽

把给予我们伟大死者的悲痛，变为积极的力量来巩固和平，争取民主。

刘少奇　敬挽

因政协枝节横生，丧吾党一批优秀英才，此责任有人应负；

看反动阴谋层出，为祖国百年民主伟业，这斗争我辈当承。

周恩来　董必武　吴玉章
　　　　　　　　　　　同挽
陆定一　邓颖超　廖承志

你们的功绩永垂不朽！

任弼时　敬挽

为中国和平民主团结而牺牲，永远是
光荣的。

彭德怀　敬挽

众志士，众仁人，勇往直前破迷雾；
为和平，为民主，悲壮一死重泰山。

林伯渠　哀挽

重庆6000余人的追悼大会，是在室内只能
容纳3000人的青年馆内外举行的。19日清晨，
中共代表团的周恩来、董必武、吴玉章、陆定一、
邓颖超、罗瑞卿、陈士榘、廖承志；国民党方面
的孙科、邵力子、吴铁城、张群、张厉生、王宠惠、
王世杰、雷震；民主人士张澜、沈钧儒、郭沫若、
罗隆基、章伯钧、梁漱溟、王云五、褚辅成、
陈铭枢、谭平山、李德全、李公朴、王昆仑等；
工人、学生、公务员、职业青年、大学教授、中
小学教职员们，从郊区和市区各个方向像潮水般
地汇集到青年馆。

当他们走到青年馆门外，看到高悬在两座素

白牌坊上的"陪都各界追悼王秦叶邓黄诸先生大会"的长匾和挂满街道两旁的挽联诔词时，一个个禁不住流下了眼泪。人们进入馆内，见到鲜花翠柏中的烈士遗像和"精神不死"4个大字，更是哀痛难忍，大放悲声。

9时整，主祭人中国民主同盟主席张澜，陪祭人周恩来、沈钧儒、孙科、褚辅成、邵力子、陈铭枢、吴铁城和司仪李公朴登台主持，公祭典礼以郭沫若作的《英雄们向暴风雨飞去》的挽歌为先导，宣告开始。

人们悲切地唱着："滚热的眼泪无法阻挡，千人万人的眼泪流成了长江……这天大的损失啊，怎样补偿？……"歌声像尖利的钢针，刺痛着每个人的心，热泪流过每个人的脸颊。当歌声由低而高，唱着"我们要把法西斯魔鬼灭亡，让人民安乐在红光明亮的土地上"的时候，每一颗悲哀的心，顿时坚强起来，如同铁石一般。

郭沫若登台宣颂祭文。他以颤抖的声音，一边读着"工人领袖，邓公表表，奔走革命，不惮辛劳。世界职工，大会方了，膺选执委，国际名高""普天同悲，挥泪如雨，百身莫赎，万民无语""呜呼诸公，诸公之生，生为民主，诸公之死，死为民主"这些字句，一边哽咽悲泣，台上台下，室内场外，真是"普天同悲，挥泪如雨"。

周恩来热泪滚滚地哀悼了烈士，号召人们学习烈士为和平民主事业奋斗到最后一口气、流尽最后一滴血的精神，把无限悲哀化成团结力量，要使任何破坏协议的企图都不得成功，任何的冲突都要停止，冲破黑暗，迎接光明时，场内外响起长久的掌声，以示他们将为真正的和平民主坚持斗争到底。

从 4 月 18 日到 30 日，在北平、上海、山东临沂、江苏清江、河北张家口、晋绥边区岚县和东北、晋冀鲁豫、太行等解放区，先后举行了追悼大会，表示对革命先烈的纪念和缅怀。

尾 声

　　烈士英名，永世长存。邓发等"四八"烈士牺牲后，毛泽东、朱德、刘少奇、周恩来、任弼时等执笔著文，痛悼为国殉难的烈士们。全国人民，把数以万计的唁电唁函、挽联诔词、挽诗挽歌、祭文悼词奉献给烈士们。如此多的挽联诔词，中外罕见；如此隆重的追悼活动，也是少见的。

　　烈士已逝，精神不泯。一代伟人邓发，党和人民将永远怀念您！

　　毛泽东撰文评价：

　　你们的死是一个号召，它号召全党党员和全国人民团结起来，为和平、民主、团结的新中国而奋斗到底！

周恩来在悼词中说：

邓发！你是工人队伍里培养出来的领袖，最后，你为中国工人阶级联合战线同时也是为世界工人阶级联合战线，建立了光辉的成绩。但是这成就刚刚开始，你竟一去不返。为继续和发扬这一成就，我敢向你保证：我们要为中国和世界的职工联合运动的彻底成功而奋斗！

廖承志在《邓发同志》的悼念文章中写道：

邓发同志最值得痛惜的地方，就是他的逝世恰在他向上发展的途中。他非常年轻，才四十岁，但在革命中，已具有二十多年的中国共产党的党龄，更具有行将三十年的职工运动历史。他初参加革命的时候，才认得几个字，但现在，已是中国共产党党校的校长了。他在中国共产党中央中，有过近十年中央领导、中央委员、政治局委员的经验。他不但是职工运动家，更是个天才的组织者、行政人员、军事家与中国工人阶级培养出来的马列主义理论家。而且，还有一样，许多人不知道的，他又是一个画家，世界艺术名著的收藏者。在家庭中，他是个慈父良夫，以朋友同志，他是个良友、长辈。

他去了。中国工人运动诚然失了一个主将。但是，我相信，十个邓发，一千个邓发，一万个邓发，将在中国工人阶级的行列中产生出来。

郭沫若怀着深沉的感情，以一首《哭邓发》的诗，来纪念邓发：

二月中旬我们在青年馆看《棠棣之花》，

我才第一次认识了你，中国工人领袖，邓发。

我吃了一惊，我觉得你丝毫也不像工人，

你那三角形的面孔，宽阔的额部，就像德国的康德，一位大思想家。

你的感触是那样朴实、浑厚，而毫无一丝一忽的掩饰与矜持，

你热情地称赞着剧本的内容，说和莎士比亚不相上下。

我没感觉到你在夸张，因为你是说得那样的诚挚而开朗。

校场口事件后，你常常关心着我胸部的旧伤，

你要我用白兰地对牛奶以事疗养，

你说，你往年从德国到苏联，因翻车曾折断过肋骨两片，

苏联大夫为你这样调治，你用了一两月之后居然痊愈，至今是不痛不痒。

我虽然没有照着你的话尝试，但我感谢你的厚情。

我的肋骨终有折断的一天吧，

没有白兰地就代以烧酒，没有牛奶就代以豆羹。

诗人艾青以饱满的激情，深沉的笔调，写下了一首《想起邓发同志》的诗怀念邓发：

航船上的水手，

是海洋的儿子，

高阔的天空下，

和惊涛骇浪搏斗。

二十年的大风暴中，

你历尽了困苦艰难；

你是中国工人的舵手，

站在航轮的舵房里，

两眼测看着无边的海面，

两手转动着决定方向的舵盘……

今天你殉难了，

你的殉难，

是中国革命的损失。

是工人阶级的不幸！

"四八"烈士遇难35年后，老革命家、著名诗人萧三在《用生命为人民播撒幸福种子的人》一文中，满怀深情追忆邓发：

"你不把谷子撒在地上，怎望它长出芽来？"这是"四八"烈士邓发同志生前喜爱的一句话。他的一生正是全心全力，用鲜血和生命辛勤播撒的一生。不过他播撒的不是普通的种子，而是人的幸福。他自己虽然没分享到收获，却造福于后人。

由于工作关系，我和邓发同志虽没有过多次的接触，但每一次会见都给我留下了终生难忘的印象。特别是他对党的事业忠心耿耿；对敌斗争坚决、机智、勇敢；对同志诚恳热情和办事干练、精明；对工作认真负责、一丝不苟；以及他由一个工人力求做到知识化的精神，使我非常钦佩。

……

今天，我们胜利了。但我们怎能忘记那些为了胜利而流血牺牲、播撒幸福的人呢？革命的路还很远，让我们继承他们的遗志，继续为共产主义而奋斗，努力促进四化，提高物质和精神文明，使我们可爱的祖国真正富强起来！

为了纪念邓发烈士，1950 年 3 月，邓发的家乡云浮县人民政府将八乡镇学校命名为邓发烈士纪念学校，简称邓发小学；1996 年 3 月，云浮市委、市政府又创办了市直属重点中学——邓发纪念中学，由杨尚昆题写校名，用红色革命精神教育培养了一代又一代新人。

　　为了缅怀革命先烈，弘扬伟大的革命精神，2018 年 6 月，邓发故居设立了"新时代红色文化讲习所"，先后讲解上百场，接待社会各界群众 15 万多人次，赓续传承了红色文化和革命精神。

　　邓发，您用鲜血和生命辛勤播撒的幸福种子，人民已得到收获，人民将永远怀念您！

后　记

　　习近平总书记指出："要深刻认识红色政权来之不易，新中国来之不易""我们要向革命先烈表示崇高的敬意，我们永远怀念他们、牢记他们，传承好他们的红色基因。"

　　邓发，这位中共早期的领导人从未改变为人民奋斗一生的初心和赤诚本色，即使乱云飞渡、风暴吞卷，宁可毁灭自己，也要坚持真理，一心为公，无私无畏，为中国人民和中国革命作出了巨大贡献，他的名字永垂史册。他把自己的一生奉献给了中华民族的独立和人民的解放事业，人们不会忘记，历史不会忘记，任何有良知的读者都不会忘记。

　　本书是在前人研究成果的基础上，从邓发短暂而伟大的一生中选取了一些最具代表性的英雄事迹，结合中国革命发展历程和英雄烈士光辉人生经历，在充分尊重史实的前提下，汇编成系列故事，力求在宏大历史潮流中写好人民的英雄，用感人的故事传递英雄伟大的精神。在编写过程中，得到军事科学院军队政治工作研究院领导、机关的大力支持，康月田、徐占权、岳思平、李博等多位军史专家进行了审读，提出了宝贵的意见。

主要参考的书籍和资料有：中共党史人物传《邓发》（杨世兰、陆永棣、李忍子编著／中共党史出版社），《邓发传》（何锦洲、李慧敏著／中共党史出版社、中共云浮市委党史研究室策划），中共早期广东革命领导人研究丛书《邓发——从工人队伍里培养出来的领袖》（刘汉升著／暨南大学出版社），红色广东丛书《邓发》（林雄辉著／广东人民出版社），《邓发百年诞辰纪念画册（1906—2006）》（中共广东省委宣传部，中共广东省委党史研究室、中共云浮市委员会编／中共党史出版社），《邓发纪念文集》（《邓发纪念文集》编辑部编／中共党史出版社）。

在此，谨向关心和帮助此书的各位领导、各位专家学者，以及上述作者、编辑致以最诚挚的谢意！

图书在版编目（CIP）数据

邓发 / 军事科学院解放军党史军史研究中心编.
北京：学习出版社，2025. 6. --（中华先烈人物故事汇）
. -- ISBN 978-7-5147-1371-8

Ⅰ. K827=6

中国国家版本馆 CIP 数据核字第 2025A9M688 号

邓　发
DENG FA

军事科学院解放军党史军史研究中心

责任编辑：夏　静		封面绘画：刘书移	
技术编辑：胡　啸		内文插图：韩新维	
美术编辑：杨　洪		装帧设计：楠竹文化	

出版发行：**学习出版社**
　　　　　北京市东城区崇外大街11号新成文化大厦B座11层
　　　　　（100062）
　　　　　010-66063020　010-66061634　010-66061646
网　　址：http://www.xuexiph.cn
经　　销：新华书店
印　　刷：北京联兴盛业印刷股份有限公司

开　　本：787毫米×1092毫米　1/32
印　　张：6
字　　数：78千字
版次印次：2025年6月第1版　2025年6月第1次印刷

书　　号：ISBN 978-7-5147-1371-8
定　　价：25.00元

如有印装错误请与本社联系调换，电话：010-66064915